AF395758

LES ORTIES TEXTILES

8° S
1959

Paris. — Imp. BOURLIER, 12, rue Condorcet.

BULLETIN SPÉCIAL DE L'ÉCHO INDUSTRIEL
54, RUE DE MAUBEUGE, 54

LES

ORTIES TEXTILES

(RAMIE, ORTIE DE CHINE, ETC.)

HISTOIRE, CULTURE, DÉCORTICATION

PAR

A. FAVIER ✳

Ancien Élève de l'École Polytechnique, Capitaine du Génie
démissionnaire.

PARIS

IMPRIMERIE DU JOURNAL *L'ÉCHO INDUSTRIEL*
Organe d'un groupe d'ingénieurs de l'École centrale
des Arts et Manufactures
12, RUE CONDORCET, 12

BULLETIN SPÉCIAL DE L'ÉCHO INDUSTRIEL
54, RUE DE MAUBEUGE, 54

LES

ORTIES TEXTILES

(RAMIE, ORTIE DE CHINE, ETC.)

HISTOIRE, CULTURE, DÉCORTICATION

PAR

A. FAVIER

Ancien Élève de l'École Polytechnique, Capitaine du Génie
démissionnaire.

PARIS

IMPRIMERIE DU JOURNAL *L'ÉCHO INDUSTRIEL*
Organe d'un groupe d'ingénieurs de l'École centrale
des Arts et Manufactures
12, RUE CONDORCET, 12

AVANT-PROPOS

L'Industrie des Textiles est la plus considérable des industries françaises, autant par le nombre des ouvriers qu'elle emploie que par la valeur des produits qu'elle livre à la consommation.

Malheureusement l'agriculture de notre pays n'est pas en mesure de produire toutes les matières premières nécessaires à nos manufactures, et la France est, de ce chef, tributaire des pays étrangers.

Si l'on consulte les états de la Douane pour l'année 1879, on constate qu'il est entré en France, venant en grande partie d'Italie, 19,608, 318 kil. de chanvre, teillé ou en étoupes, d'une valeur de 19,501,946 frs.

La Russie, l'Allemagne et la Belgique nous ont envoyé 69,896,385 kil. de lin, teillé ou en étoupes, d'une valeur de 75,090,377 frs.

L'Angleterre nous a, de plus, livré

46,094,554 kil. de jute, phormium tenax, etc., d'une valeur de 19,133,885 frs.

L'Europe ne produisant pas de coton, nous l'avons demandé à l'Amérique, aux Indes Anglaises et à l'Egypte, et, en 1879, l'importation de ce textile a atteint 133,242,116 kil. d'une valeur de 191,868,647 frs.

Nos importations de soie de la Chine, du Japon, de l'Asie Mineure et de l'Italie se sont élevées à 10,892,700 kil., tant en soie grège qu'en soie moulinée, d'une valeur de 307 millions 597,850 frs.

Enfin, nous avons reçu, principalement de l'Australie et de la Plata, 136,502,400 kil. de laine, d'une valeur de 315,920,662 frs.

Ainsi, en une seule année, l'Industrie des Textiles a acheté à l'étranger pour 928 millions 219,739 frs. de matières premières que l'agriculture française était impuissante à lui fournir.

En présence de besoins aussi considérables, on comprend que l'attention publique ait été vivement éveillée, il y a quelques années, par les efforts faits pour introduire en France une nouvelle plante textile, qui, en dehors de ses qualités propres, pouvait devenir un succédané du chanvre, du lin, du coton et même de la soie.

Il s'agissait d'une Ortie, originaire de la

Chine et des Indes, que l'on désignait sous des noms divers : *China-Grass, Rhea, Ramie* ou *Ramieh*, plante vivace, d'une culture facile, et dont la fibre était supérieure, comme résistance, à celles du chanvre et du lin, en même temps que par sa longueur, sa souplesse et son brillant nacré, elle se rapprochait de la soie.

La question était particulièrement intéressante pour l'Algérie qui n'a pas de cultures industrielles, et pour les départements du Midi ruinés par l'invasion du phylloxera et par la découverte de l'Alizarine artificielle.

Aussi de nombreux essais de culture de cette ortie furent faits dans le midi de la France, en Corse et en Algérie, et nul doute que les plantations de ce nouveau textile n'eussent pris un développement considérable si l'industrie n'avait pas rencontré dans son traitement des difficultés inattendues.

Le problème, vainement cherché jusqu'ici, de la décortication de la Ramie, vient d'être résolu de la manière la plus simple et la plus économique. Rien ne s'oppose plus, en conséquence, à ce que cette plante prenne, dans nos cultures, la place considérable qui lui est due. Nous serions heureux, pour notre part, si nous pouvions contribuer à ce résultat par le petit opuscule que nous offrons au

lecteur, car nous pensons que l'acclimatation de cette ortie, en France, serait aussi
précieuse pour notre agriculture que pour
notre industrie.

Paris, mars 1880

LES ORTIES TEXTILES

I

Historique

Les fibres de certaines orties ont été utilisées depuis la plus haute antiquité, comme matières textiles, dans les montagnes de l'Himalaya, en Chine, au Japon et dans l'archipel de la Sonde.

D'aprés M. Hermann Grothe (1), il est souvent question, dans les anciennes poésies de Ramayana et de Kalidassa, des *toiles d'orties vantées*, par ces poètes, *pour leur beauté et leur finesse.*

Kœmpfer (2) et Pallas (3) parlent également de l'ortie qui est cultivée en Sibérie, en Chine et au Japon, et dont les fibres sont

---

(1) *Verhandlung des Vereins für Gevverbfleisz in Preussen, 1869*.
(2) Kœmpfer. *Amœnitates Exoticœ.*
(3) Pallas., vol. I, page 436.

mélangées avec la soie dans les tissus que les Chinois exportent en Russie.

Il serait difficile de préciser l'époque à laquelle ces fibres ont été importées en Europe pour la première fois, mais on sait d'une manière certaine, par les écrits de Lobel (1), qu'elles étaient fort employées au seizième siècle.

C'était principalement la Hollande qui introduisait en Europe, tantôt à l'état brut, tantôt confectionnées en étoffes, les fibres des orties textiles de la Chine et des Indes. La matière brute était préférée au lin pour la fabrication d'étoffes très fines, comme le prouve le nom hollandais *Neteldock* donné à la mousseline, et qui dérive évidemment de *Netel*, ortie et *doek*, étoffe (1).

Le peu d'avancement de la science, à cette époque, ne permettait pas encore aux botanistes de déterminer d'une manière rigoureuse la nature de ces plantes, mais on soupçonnait déjà qu'elles étaient analogues à nos orties. C'est seulement à la fin du dixhuitième siècle et au commencement du dixneuvième que les savantes recherches des botanistes qui ont visité l'Inde et la Chine, nous ont appris qu'effectivement ces plantes appartenaient au genre *Urtica* et c'est dans

---

(1) Lobel. *Krindbock. Antwerpen,* 1581.
(2) Decaisne. *Recherches sur le Ramie,* 1843.

ces dernières années seulement qu'on s'est assuré que ces fibres étaient dues à deux espèces distinctes, l'*Urtica nivea* et l'*Urtica utilis*, très voisines, il est vrai, par leurs caractères botaniques, mais essentiellement différentes par leurs propriétés et par la qualité de leurs produits.

L'*Urtica Utilis* a été décrite pour la première fois sous le nom de *Ramium Majus* par le célèbre botaniste hollandais Rumph, qui, voyant dans cette plante une acquisition précieuse pour les colonies hollandaises, l'introduisit lui-même de l'île de Banoa dans l'île d'Amboine où elle n'existait pas, vers l'an 1690 (1).

Mais c'est au docteur Roxburg, directeur du Jardin d'acclimatation de Calcutta, que revient l'honneur d'avoir fait connaître la valeur de cette ortie comme plante textile. A la suite d'expériences qui avaient démontré la grande supériorité de ses fibres sur les produits similaires de l'Europe et de l'Inde, Roxburg lui donna le nom d'*Urtica tenacissima* pour la distinguer de l'*Urtica nivea* dont il possédait également des échantillons. Malgré la difficulté de débarrasser la fibre de quelques particules d'une matière particulière qui lui sont adhérentes, il n'hésita pas à préconiser la culture de cette

---

(1) Rumphius. *Herbarum Amboinense*, vol. V.

plante qu'il désirait voir remplacer partout le chanvre et le lin.

Tous les botanistes qui ont visité les contrées où l'on cultive l'*Urtica utilis*, Korthals, Crawfurd (1), Marsden, Raffles (2), s'accordent à proclamer l'excellence de cette ortie comme plante textile. Notre compatriote Leschenault de Latour en parle également, et, comme Roxburg, la désigne sous le nom d'*Urtica tenacissima*. Il existe au Museum des échantillons recueillis par lui qui portent pour étiquette : *Urtica tenacissima* produisant d'excellente filasse.

L'*Urtica nivea*, originaire de la Chine, existe depuis longtemps dans les Jardins botaniques de l'Europe, mais c'est seulement en 1809 qu'il en a été question, pour la première fois, comme plante textile, lorsque Bartoloni de Sienne fit connaître aux habitants de la Toscane les avantages que présentait sa culture (3).

A peu près à la même époque, en 1815, le célèbre professeur André Thouin en conseillant également l'introduction dans le Midi de la France ; mais son appel ne fut pas entendu, et ce sont les travaux des voyageurs

---

(1) John Crawfurd. *History of the Indien Archipelago.*
(2) *The History of Java by* Tham-Stamford Raffles.
(3) Heuzé. *Les plantes industrielles,* II° vol.

français et des missionnaires apostoliques en
Chine qui ont de nouveau appelé l'attention
sur l'*Urtica nivea* comme plante textile.

M. Gondichaud, en 1837, M. Hebert, en
1838, avaient envoyé au Museum d'histoire
naturelle, sous le nom d'*a-pou*, des graines
d'*Urtica nivea*, et M. Itier, qui fut attaché à
l'ambassade de M, de Lagrenée, avait rap-
porté à Paris, vers la même époque, des
étoffes tissées avec les filaments de cette ortie qui furent très remarquées. Mais c'est à
M. Leclancher, chirurgien à bord de la cor-
vette la *Favorite.*, sous les ordres de M. le
capitaine Page, que l'on doit les premiers rameaux des orties cultivées en Chine qui
soient parvenus en Europe. Ils avaient été
recueillis par lui à 120 kilomètres de l'em-
bonchure du Yan-tse-Kiang, en descendant
de Nankin, et expédiés, par ses soins, au
Museum d'histoire naturelle, qui les reçut
dans le courant de l'année 1844.

M. Decaisne, auquel ces échantillons furent soumis, admit que les uns appartenaient à l'*Urtica nivea*, tandis que les autres
provenaient de l'*Urtica utilis*.

A la suite de l'étude qu'il fit de ces rameaux, ce savant botaniste publia un Mémoire qui jeta un grand jour sur les orties
textiles cultivées dans l'extrême Orient. Il
fut dès lors bien établi que ces orties appartenaient à deux espèces distinctes dont l'une,

l'*Urtica utilis* ou *Tenacissima*, était une plante des régions équatoriales, tandis que l'autre, l'*Urtica Nivea*, appartenait aux climats tempérés (1).

Les savants français que nous venons de citer voyaient surtout dans les orties textiles une acquisition précieuse pour notre agriculture, et le but de leurs efforts était d'acclimater ces plantes en France et de les introduire dans nos cultures.

Pendant ce temps l'Angleterre, dont on doit reconnaître l'esprit pratique, suivait une marche différente. Dès 1814, le docteur Buchanan, successeur de Roxburg, comme directeur du Jardin d'acclimatation de Calcutta, envoyait à Londres trois balles de *Caloce (Urtica utilis)*. Ces fibres furent filées par MM. Sharp et C°, et le fil produit put soutenir un poids de 252 livres, tandis qu'un fil de chanvre russe, de même grosseur, ne supportait pas une tension supérieure à 84 livres. A la suite de cet essai, la Cour des Directeurs de la Compagnie des Indes envoya à Calcutta, en 1815, des machines du système Lee pour extraire mécaniquement la fibre du *Caloce*, avec cette mention que « si on pouvait l'obtenir débarrassée de sa matière gommeuse, ce serait une invention très heureuse, car l'expérience avait prouvé

______

(1) *Journal d'agriculture pratique*, avril 1845.

qu'elle était plus résistante que le meilleur chanvre russe (1). »

Malheureusement le prix élevé du fret à cette époque — il était de 12 livres sterling par tonne de 52 pieds cubes — ne permettait pas le transport économique des fibres de l'Inde en Angleterre, et c'est seulement vers 1840 que l'industrie anglaise commença à importer, en quantité notable, de l'Inde et de la Chine, une matière textile provenant des orties et désignée sous le nom de *Rhea* ou de *China-Grass*.

Cette matière se présentait sous la forme de rubans plus ou moins larges, raidis et durcis par la grande quantité de matière agglutinative qui réunissait leurs fibres. Malgré la présence de cette gomme, l'Industrie anglaise trouva le moyen d'employer ces rubans et, à l'Exposition Universelle de 1851, plusieurs fabricants anglais présentèrent à l'attention des visiteurs des fils et des tissus extrèmement remarquables fabriqués avec cette matière.

L'Exposition de 1851, en faisant connaître au monde entier cette nouvelle industrie, appela vivement l'attention sur les orties textiles et suscita les efforts d'une foule d'agriculteurs. C'est ainsi que la culture de ces

---

(1) Dr Forbes Royle. *The fibrous plants of India*.

orties fut tentée en France, en Corse, en Italie, au Mexique, à Cuba, à la Louisiane..... Malheureusement une confusion regrettable se produisit au sujet de ces plantes. Malgré la classiffication si nette établie, dès 1845, par M. Decaisne, on identifia en quelque sorte les deux espèces dont nous avons parlé, que l'on désigne indistinctement sous les noms de China-grass, Ortie blanche, Rhéa, Rameh ou Ramie, de sorte que les plantations se firent un peu au hasard, sans tenir compte des qualités propres à chaque espèce, ni des conditions climatériques dans lesquelles on se trouvait placé. C'est ainsi que, dans le midi de la France, les plantations furent généralement faites avec l'*Urtica nivea*, tandis qu'il paraît établi que c'est l'*Urtica utilis* qui a été introduite au Mexique, à la Louisiane et au Texas.

Contrairement à ce qui s'était passé en Angleterre, les efforts faits pour introduire en France, la culture des orties textiles ne semblaient pas éveiller l'intérêt des Industriels, lorsque la guerre d'Amérique, en les privant d'une partie des approvisionnements qui leur étaient nécessaires, attira enfin leur attention sur ces textiles. Le prix du coton s'élevant de plus en plus, on lui chercha partout des succédanées, et la chambre de commerce de Rouen, frappée des avantages qu'offrait le *China-grass* (car alors il n'était question que de l'ortie de Chine), fit faire des recherches et des essais pour déterminer la valeur réelle des fibres de cette ortie, pendant que la chambre de commerce de Lille faisait étudier les procédés de filature et de tissage employés par l'Industrie anglaise.

La presse française s'empara également de la question : le *Moniteur universel* et la *Gazette des campagnes* publièrent sur ce sujet des articles intéressants pendant que la Société d'acclimatation faisait paraître dans son *Bulletin* des extraits des ouvrages chinois sur la culture des orties textiles, en même temps qu'elle procédait à de nombreuses distributions de graines.

Le gouvernement même s'émut, et M. Louvet, alors ministre du commerce et de l'agriculture, nomma, le 20 juillet 1870, une Commission administrative chargée de l'étude des questions relatives à l'utilisation de l'Urtica tenacissima ou Ramie (1).

Malheureusement on était au début de la guerre avec l'Allemagne et les travaux de la Commission furent suspendus avant d'avoir commencé. A notre connaissance, ils n'ont pas été repris depuis.

---

(1) La Commission était composée de :

MM. Tisserand, directeur des Etablissements de la Couronne ;
Porlier, sous-directeur de l'Agriculture ;
Boitel, inspecteur de l'Agriculture ;
Dudouy, agronome vulgarisateur ;
Payen, négociant en soieries.

Des essais de culture très nombreux avaient cependant été tentés, avec succès, dans le Centre et dans le Midi de la France, et les plantations d'Orties. Textiles se seraient certainement développées, si l'Industrie avait été en mesure d'utiliser les tiges que l'agriculture commençait à produire.

L'Industrie pouvait bien employer les fibres des Orties telles qu'elles nous arrivent des Indes et de la Chine, mais elle ne possédait par les moyen de retirer des tiges entières les fibres utilisables. Aussi les cultures restèrent stationnaires, [les établissement fondés pour en utiliser les produits, comme celui de M. Childers à Nice, se fermèrent après avoir donné des échantillons remarquables, et le mouvement provoqué par la Presse Française ne profita, en somme, qu'aux marchands de plants et autres propagateurs de la Ramie.

La question fut heureusement reprise par le Gouvernement des Indes Anglaises qui proposa, en 1870, une prime de L. 4,000 pour la meilleure machine ou le meilleur procédé pour la Décortication de la Ramie.

Un premier concours eut lieu, en 1872, à Saharampur, mais il ne donna que des résultats partiels. Le prix fut alors porté à L. 5,000. et la question fut de nouveau posée à l'intelligence des Ingénieurs du monde entier.

Nous aurons à revenir sur ce Concours et sur son Programme lorsque nous nous occuperons du traitement industriel des Orties textiles ; mais il est indispensable d'achever d'abord l'étude de ces plantes en déterminant exactement leur origine, leurs propriétés, leur rendement et les soins que réclame leur culture.

II

Les Orties textiles : l'Ortie de Chine, la Ramie.

Les Orties proprement dites ne forment qu'une subdivision de la Grande Famille désignée communément sous le même nom et qui comprend les *Urticées*, les *Artocarpées*, les *Morées*, les *Ulmacées* et les *Cannabinées*.

La plupart des Urticées sont des plantes herbacées, annuelles ou vivaces, vivant généralement à l'ombre des végétaux plus élevés qu'elles ; quelques-unes, cependant, comme les Bœhmeriées, atteignent la taille d'arbustes et il en existe même qui sont des arbres véritables, comme le *Laportea Gigas* (Wedd.) qui est un des plus grands végétaux connus.

Bien que la généralité des Urticées appartienne à la zone tropicale, il y a cependant certaines espèces qui embrassent des latitudes très-différentes et vivent dans des conditions de température très-variées, comme la *Bœhmeria cylindrica* qui s'étend sans interruption du Canada jusqu'au tropique du

Capricorne et la *Bœhmeria nivea* qui s'accommode également bien du ciel froid du nord de la Chine et des chaleurs extrêmes de l'Archipel Indien.

Dans toutes ces plantes, les fibres corticales, très fines et très allongées, sont soudées bout à bout, tout en conservant latéralement leur indépendance, circonstances qui les rendent textiles. Aussi, au point de vue industriel, les Urticées méritent particulièrement de fixer l'attention. Grâce à l'extrême tenacité de leurs fibres, la plupart des espèces vivaces peuvent être substituées au chanvre et au lin. Les premières Orties dans lesquelles on a reconnu cette propriété sont naturellement les espèces qui appartiennent aux climats tempérés, comme l'*Urtica dioïca*, dont Olivier de Serres a vu faire, au xvi° siècle, de *belles deliées toiles avec l'exquise matière de l'ortie*, et comme l'*Urtica cannabina* et le *Laportea canadensis* qui furent même soumis à une culture régulière.

Le Dr Royle, dans un ouvrage intéressant sur les plantes textiles de l'Inde, cite encore plusieurs Urticées employées, dans cette contrée, aux mêmes usages, tellesque l'*Urtica parviflora* (Rox.), *le Girardinia heterophylla*, le *Maoutia puya* qui diffère peu de l'*Urtica nivea*, l'*Urtica argentea* (Forst.) qui existe à Java, à Timor...

En Chine, on cultive également un assez

grand nombre d'Orties textiles. Les premiers voyageurs, en retrouvant constamment autour des habitations chinoises des cultures d'Orties à feuilles blanches en-dessous, croyaient n'avoir sous les yeux qu'une seule espèce, mais l'examen attentif des échantillons envoyés, en 1844, par M. Leclancher, montra à M. Decaisne que les uns appartenaient à l'*Urtica nivea*, tandis que les autres se rapprochaient beaucoup d'une ortie dont le Gouvernement Hollandais cherchait, à cette époque, à étendre la culture dans ses possessions de l'Archipel Indien. « Cette ortie, qui porte à Java le nom de Ramie, dit M. Decaisne dans son mémoire, atteint 1^m à 1^m 50 de hauteur. Ses feuiles minces, portées sur de longs pétioles, rappellent celles de l'*Urtica nivea*, mais elles sont plus grandes, plus longuement acuminées et grisâtres en-dessous. »

Cette dernière plante est l'*Urtica utilis* et M. Decaisne admettait qu'un des deux échantillons, soumis à son examen, provenait de cette espèce. Cette conclusion n'est pas d'une rigeur absolue, car les deux orties envoyées par M. Leclancher avaient le dessous des feuilles blanchâtre, tandis que le dessous des feuilles de la Ramie est vert clair.

Il est probable qu'une partie de ces rameaux appartenaient à une troisième espèce qui figure au catalogue du jardin Botanique de Boitenzorg, à Java, et qui existe également au Muséüm d'Histoire Naturelle sous le nom d'*Urtica utilis.* C'est l'*Urtica (Bœhmeria) Candicans* de Hasskarll, qui se rapproche beaucoup de l'*Urtica utilis* par l'aspect de ses tiges et la forme de ses feuilles, mais qui en diffère par sa végétation moins puissantes, par le dessous de ses feuilles qui est blanchâtre et par sa rusticité qui lui permet de végéter en pleine terre sous le climat de Paris.

Depuis la publication du mémoire de M. Decaisne, nous savons, par les travaux des voyageurs qui ont visité la Chine, que l'*Urtica utilis* existe également dans cette contrée et qu'on y cultive, en outre, plusieurs autres orties textiles, l'*Urtica heterophylla* par exemple.

Mais parmi toutes les espèces d'orties connues jusqu'à ce jour, qui ont été l'objet des études des Botanistes et des expériences des Industriels, celles qui méritent le plus de fixer l'attention sont l'*Urtica (Bœhmeria) nivea (Lin.)* et l'*Urtica (Bœhmeria) Utilis (Bl.)* dont les fibres sont aussi remarquables par leur souplesse, leur blancheur et leur aspect soyeux, que par leur tenacité.

Nous nous bornerons, en conséquence, à étudier ces deux espèces qui réunissent au plus haut degré, à notre avis, les qualités que l'on doit rechercher dans une plante textile, en même temps que, par leur réunion, elles peuvent satisfaire à tous les besoins de notre Agriculture.

ORTIE BLANCHE DE LA CHINE

Urtica Nivea (Lin), *Bœhmeria Nivea* (Gond), *Bœhmeria Sanguinea* (Hass.)

L'Ortie Blanche de la Chine est une plante dicotylédone de la famille des Urticées, mais c'est une ortie sans dards, ce qui fait que plusieurs Botanistes comme Blume, Gondichaud, Hasskarll... l'ont classée dans un genre particulier auquel ils ont donnés le nom de *Bœhmeria*.

Elle est originaire de la Chine où sa culture est très répandue. Son nom varie suivant les provinces, tout en conservant un radical *Mâ* (1) qui semble être le nom générique d'un nombre considérable de plantes textiles, de même que la dénomination *Teou*, comprend la plupart des Légumineuses (2).

Le nom le plus généralement usité est ce-

---

(1) Ce radical *Mâ* se retrouve dans des contrées très éloignées de la Chine, où il est également employé à désigner des plantes de la famille des Orties. Ainsi, en Australie, le *Laportea gigas* est désigné sous le nom de *Goa-muo-Mâ* ; aux Indes, dans la région du Sikkim, le *Laportea crenulata* est désigné sous le nom de *Mculim-Mâ*.

(2) D'Hervey de Saint-Denis. *Recherches sur l'Agriculture des Chinois.*

lui de *Chu* ou *Tchou-Mâ*, qui est employé dans le Traité Impérial d'Agriculture Chinoise. Cependant suivant le R. P. Bertrand, dans certaines provinces, le Su-Tchuen par exemple, cette plante serait désignée sous le nom de *Tsin* ou *Tsing-Mâ*. (1)

Cette ortie existe au Japon, en Corée, dans l'Assam où elle a été signalée par le major Hannay et par le capitaine Dalton ; on la retrouve également aux Indes cultivée jusqu'à une hauteur de 3,000 pieds, suivant le Dr Campbell, dans les montagnes du Nepaul et du Sikkim.

L'Ortie Blanche est une plante vivace, c'est-à-dire que, contrairement au chanvre et au lin qu'il faut semer chaque année, ses racines ne persistent pas et qu'elles deviennent, au contraire, de plus en plus productives.

Chaque pied donne naissance à plusieurs tiges, dont le nombre augmente à mesure

---

(1) Ce Missionnaire écrivait, en 1849, au Directeur des Missions Étrangères : « Je vais vous parler maintenant d'une espèce de chanvre qui se trouve dans les parages que je parcours, entre les 31me et 34me degrés de latitude nord. Ce chanvre est appelé par les Chinois *Tsin-Mâ* ou *Chanvre vert* ; il diffère beaucoup du *Ho-Mâ* qui est chanvre que l'on cultive en France… *La feuille imitant la forme d'un cœur, très grasse et large comme la paume de la main, est verte en dedans, blanche et couverte d'un léger duvet en dehors.* »

que la racine se développe, et qui forment une sorte de touffe ou de buisson. Ces tiges sont ligneuses et se présentent sous la forme de grosses baguettes qui atteignent une hauteur de 1^m50 à 4 mètres, très résistantes, légèrement velues et d'une couleur brun foncé, ce qui explique le nom de *Bœhmeria Sanguinea* donnée à cette ortie par le Botaniste Hasskarll. Ces tiges se divisent, à leur extrémité supérieure, en quelques petits rameaux alternes, garnis de poils gris. Les feuilles sont presque persistantes, alternes, ovales, arrondies à leur base, vertes et rudes en dessus, tomenteuses et d'un blanc de neige en dessous, portées par des pétioles épais, très velus ; les poils sont simples, grisâtres et conservent leur couleur sur les nervures principales des feuilles ; les dents sont terminées chacune par une pointe acuminée ; les fleurs sont monoïques et disposées en petites grappes alternes et axillaires (1).

Les racines de l'Ortie Blanche, sans être traçantes, ne s'enfoncent pas non plus à une grande profondeur, elles tendent plutôt à pousser entre deux terres, et ce n'est que lorsqu'elles ont envahi tout le terrain qu'elles doivent occuper, que leur végétation extérieure atteint tout son développement.

---

(1) Pépin. Note sur la culture et sur les avantages que l'on peut tirer des tiges de l'*Urtica Nivea* (Lin), Ortie à feuilles blanches, *a-pou* des Chinois, Paris, 1844.

En Chine, on cultive cette ortie dans des terrains frais, voisins des Rizières et ombragés. La terre sablonneuse et légère, et qui, par son exposition, est à l'abri des vents du Nord est la plus recherchéepour cette culture.

Chaque année, d'après le Traité Impérial d'Agriculture chinoise, on peut faire trois récoltes. A l'époque où l'on coupe les tiges, il faut que les petits rejetons qui sortent de la racine aient environ un demi-pouce de haut. Dès que les grandes tiges sont coupées, les rejetons poussent avec plus de vigueur et donnent bientôt une seconde coupe... Vers le commencement du 5mo mois, on fait une première récolte: une seconde au milieu du 6mo ou au commencement du 7mo : enfin une troisième au milieu du 8mo ou au commencement du 9me.

La filasse que fournit l'Ortie B!anche est verdâtre et présente une certaine raideur, ce qui la distingue de celle de la Ramie qui est blanche et douce au toucher, mais cette rudesse disparaît en grande partie par le peignage.

C'est avec cette filasse que l'on fabrique l'étoffe désignée, dans le dialecte de Canton, sous le nom d'*A-pou*, c'est-à-dire *Toile d'été*.

---

(1) *Traité Impérial d'Agriculture*.Livre LXXIII.

Les premiers voyageurs ont pris ce nom pour celui de la plante et ils l'ont conservé tout naturellement aux graines expédiées en Europe.

Les Botanistes et les Voyageurs, qui ont visité les Indes et la Chine, nous ont appris les procédés employés, dans ces contrées, pour extraire les fibres utilisables des Orties Textiles. Bien que connaissant le Rouissage et le Teillage qu'ils appliquent à certaines plantes, le Jute par exemple, les Chinois et les Indiens n'emploient jamais ces procédés pour les Orties qui, dans les pays où on les cultive, sont, sans exception, utilisées à l'état vert.

En Chine, dans le Su-Tchuen, l'ouvrier qui procède à la récolte fait, avec une main, une incision au bas de la tige; puis saisissant l'écorce de l'autre main, il tire et dépouille la plante jusqu'aux feuilles; il coupe alors la chènevotte, achève la séparation de la partie ligneuse et de l'enveloppe corticale qu'il jette sur son épaule et passe à une autre plante. La séparation n'est possible que depuis la tombée de la rosée jusqu'à huit ou neuf heures du matin, lorsque les tiges sont mouillées (1).

---

(1) *Bulletin de la Société d'acclimatation*, t. VII, page 263.

Dans d'autres provinces, le Hounan et le Kang-si, on ne coupe pas la tige, mais en la prenant avec les deux mains, en son milieu, on lui fait subir une torsion particulière qui amène la séparation, en ce point, de la partie ligneuse et de son enveloppe corticale : puis en passant les doigts, d'une extrémité à l'autre de la tige, entre la chénevotte et l'écorce, on achève de les séparer (1).

D'après M. Léon de Rosny, ce procédé serait également employé dans l'Assam.

Les lanières fibreuses ainsi obtenues sont remises à des femmes qui, en les passant sur un instrument de fer analogue à une gouge de charpentier, enlèvent la péllicule extérieure brune et la séparent des fibres utilisables qui sont ensuite exposées au soleil (2).

Les Chinois séparent, à la main, les fibres très fines qui avoisinent immédiatement la partie ligneuse interne, de celles qui sont contenues dans l'intérieure de l'écorce et qui sont plus grossières. C'est avec les premiéres que l'on tisse les belles étoffes connues sous le nom de *China-Cloth*; ces fibres ne sont pas filées, mais simplement séparées, filament par filament, dont on réunit les extrémités

---

(1) Note sur la culture du Tchou-Mâ (Urtica Nivea, par M. Dabry, Consul de France à Han-Keou.

(2) Leclancher. *Journal d'agriculture pratique.* Avril 1845.

en les tordant légèrement entre le pouce et
l'index.

L'Ortie Blanche existe, en Europe, dans les
Jardins Botaniques depuis 1733, d'après
M. Dupuy (1), mais bien que Bartoloni de
Sienne, en 1809, et le célèbre professeur André Thouin, en 1815, aient fait connaître sa
valeur comme plante textile, cette Ortie était
restée un simple objet de curiosité et d'orne-
ment. On savait cependant que, bien que originaire de la Chine et de l'Inde, elle résistait, en
pleine terre, aux hivers de notre climat, et
les qualités de ses fibres n'étaient pas igno-
rées des Botanistes, ainsi qu'on peut le voir
par une communication faite, en 1840, à l'A-
cadémie des Sciences par M. Brogniart (2) ;
mais c'est seulement après la publication du
Mémoire de M. Decaisne que la valeur de
l'Ortie de Chine, comme plante textile, fut
bien établie et que les caractères qui la dis-
tinguent de la Ramie furent exactement dé-
terminés. Ce mémoire marque une date
importante dans l'histoire des Orties Textiles,
car la distinction entre les propriétés des deux
plantes qui nous occupent est indispensable
au point de vue agricole, et c'est à la confu-

---

(1) *Bulletin de la Société d'Acclimatation.* Avril
1860.

(2) « L'*Urtica Nivea* existe depuis longtemps dans
les Jardins Botaniques et l'on savait, par les
voyageurs, que les Chinois en retirait des fibres
textiles. Elle supporte très bien le climat du nord
de la France... »

sion trop fréquente qui a été faite entre les
deux espèces qu'il faut attribuer, au moins
en partie, les insuccès signalés sur quelques
points.

L'*Urtica nivea* est une plante des climats
tempérées, et sa culture offre, en conséquence,
des chances nombreuses de réussite en France
et dans l'Europe centrale. Elle ne possède
pas, à la vérité, la puissance de végétation
de la Ramie, mais elle présente l'avantage
considérable de pouvoir résister, en pleine
terre, aux plus grands froids, sous la latitude
de Paris. Cette propriété avait même engagé,
dans le principe, quelques botanistes à con-
seiller la culture de l'Ortie Blanche de préférence à celle de la Ramie, et les premières
plantations entreprises, dans le Midi de la
France, ont été généralement faites avec
cette espèce. Malheureusement, dans les
tiges de l'Ortie Blanche la partie ligneuse est
beaucoup plus développée que dans celles de
la Ramie, desorte que les Machines à décortiquer actuellement connues sont impuissantes à en retirer la fibre utilisable. Il n'en
fallait pas plus pour faire proclamer la supériorité de la Ramie sur l'Ortie Blanche par
les Inventeurs de ces Machines, et à leur
exemple par tous les propagateurs de Ramie,
enchantés d'avoir à vendre des plants d'*Urtica utilis*, après avoir vendu des plants
d'*Urtica nivea*.

Comme on le verra plus loin, la grosseur

et la résistance des tiges d'ortie n'ont plus
la moindre influence sur leur traitement industriel et rien ne s'oppose plus, en conséquence, à ce que l'Ortie blanche de la Chine
prenne la place considérable qui lui est due,
grâce à sa rusticité, dans les cultures du
centre et du nord de la France.

LA RAMIE

Ramium majus (Rumph) ;
Urtica tenacissima (Rox.) ; *Bœhmeria utilis* (Bl.).

La Ramie est une plante dicotylédone de
la famille des Urticées, originaire des îles de
la Sonde, où sa fibre est utilisée de temps
immémorial pour fabriquer des étoffes et des
cordages qui semblent supérieurs aux produits similaires du chanvre et du lin. Parmi
les nombreuses plantes textiles qui croissent
dans ces contrées, c'est à cette ortie que les
indigènes des Moluques et des grandes îles
de l'Archipel Indien accordent, sans restric-
tion, la préférence pour la fabrication de
leurs filets, à cause de la grande tenacité de
ses fibres et de leur remarquable résistance
à l'humidité.

Dans l'archipel de la Sonde, l'*Urtica utilis*
porte un grand nombre de noms. C'est ainsi
qu'on la désigne sous les noms de *Caloee* ou
Caloïe à Sumatra, de *Gambe* ou *Gamki* à
Amboine, d'*Inan* aux Célèbres, de *Ramé*,

Ramie ou *Ramieh* dans la Malésie, de *Ramieh* ou *Ramen* à Java, etc.

Comme le mot chinois *Mâ*, le mot Ramie ou Ramieh ne s'applique pas spécialement à la plante qui nous occupe, mais à un ensemble de plantes qui sont botaniquement voisines et qui produisent des fibres à peu près semblables. Le nom de *Ramie*, sous lequel on connait généralement, en Europe, la *Bœhmeria utilis* (Bl.) n'a donc pas une signification bien précise, mais il n'y a cependant aucun inconvénient à le conserver, en faisant la convention qu'il s'applique exclusivement à la plante décrite sous le nom de *Ramium majus* par Rumph, d'*Urtica Tenacissima* par Roxburg et de *Bœhmeria utilis,* par M. Blume.

La Ramie, ou du moins une plante très voisine, existe également en Chine où, d'après le R. P. Bertrand, missionnaire apostolique au Su-Tchuen, on la désigne sous le nom de *Yuen-Mâ*. Les Chinois considèrent le *Yuen-Mâ* comme supérieur au *Chu* ou *Tchou-Mâ*. Les procédés de culture sont les mêmes pour les deux plantes, mais la première donne quatre récoltes par année, tandis que la seconde n'en donne que trois.

Comme l'Ortie de Chine, la Ramie est une plante vivace, c'est-à-dire que ses racines ne périssent pas chaque année, comme celles du chanvre et du lin, mais s'étendent, se développent et deviennent, avec le temps, plus puissantes et plus productives.

Chaque pied donne naissance à un groupe de tiges qui forment buisson, et qui, sous un climat favorable, s'élèvent rapidement à une hauteur de 2 à 4 mètres.

Les tiges sont droites, à feuilles alternes largement pétiolées et brodées de grosses dents de scie. Les feuilles sont cordiformes, d'un beau vert en dessus, d'un vert beaucoup plus clair en dessous. Dans les climats chauds, la Ramie fleurit en septembre ou en octobre; ses fleurs sont unisexuelles, monoïques et se groupent en panicules axillaires.

Sous l'influence d'un climat chaud et humide comme celui des Tropiques, la végétation de la Ramie est extrêmement puissante. Nous avons vu qu'elle donne, annuellement, quatre récoltes dans le Su-Tchuen, la première se faisant à la fin de mai, la seconde à la fin de juillet, la troisième à la fin de septembre et la quatrième à la fin de novembre. A Java, d'après M. Blume, la Ramie donne également, par année, quatre ou cinq récoltes qui s'obtiennent en coupant simplement les tiges, à quelques centimètres du sol, chaque fois qu'elles ont atteint une hauteur de 1^m,25 à 1^m,50. De nouvelles tiges repoussent immédiatement des racines, plus vigoureuses et plus nombreuses. L'expérience a prouvé qu'il convenait de couper les tiges avant la floraison et avant leur complète maturité pour avoir de la filasse plus fine et plus douce.

La forte proportion de tannin contenue dans la Ramie et l'Ortie de Chine éloigne de ces plantes les pucerons et autres insectes qui font quelquefois tant de ravages dans les plantations de chanvre et de lin.

En Chine, cependant, ces plantes auraient, d'après le R. R. Bertrand, un ennemi acharné qui dévore leurs feuilles, dans une chenille rouge, grosse comme le petit doigt, d'un pouce de longueur et qui est à son dernière période au mois de juin. Elle file un cocon gros comme le doigt du milieu de la main, et qui, à l'extérieur, ressemble à du parchemin, mais dont l'intérieur est de la soie très belle et très solide.

Il s'agit probablement d'un ver à soie analogue à ceux du chêne et de l'ailante, mais qui leur serait préférable par suite de la facilité que l'on aurait à se procurer les feuilles nécessaires à sa nourriture, car, dans le Midi du moins, la Ramie et l'Ortie de Chine conservent leurs feuilles toute l'année. La question mérite l'attention de la Société d'Acclimatation.

Décrite pour la première fois par le célè-

bre botaniste hollandais Rumph, la Ramie
fut ensuite étudiée par le docteur Roxburg,
directeur du Jardin d'acclimatation de Calcutta. Ayant reçu, en 1803, de M. Ewer, de
Bencoolen à Sumatra, quatre plants d'une
ortie désignée, dans cette ile, sous le nom
de *Caloee* et dont les Malais retiraient d'admirables filaments, il les fit cultiver et ces
plants se multiplièrent avec une telle rapidité qu'il en posséda bientôt plusieurs mil-
liers. Il peut alors étudier cette plante à
loisir, ainsi que les filaments qu'elle produit.
A la suite d'expériences qui avaient dé-
montrè la résistance exceptionnelle de ses
fibres, il lui donna le nom d'*Urtica tenacissima* pour la distinguer de l'*Urtica nivea*
dont-il possédait également des échantillons.

Malgré les travaux des Botanistes qui ont
visité les pays où l'on cultive la Ramie et
qui sont unanimes à reconnaître la supériorité de cette ortie sur les espèces textiles
que nous cultivons, cette plante était peu
connue, en Europe, avant la publication du
Mémoire de M. Decaisne. Frappé des avantages que pouvait présenter l'introduction de
cette ortie dans nos cultures, ce savant botaniste fit les plus louables efforts pour l'acclimater en France, mais en identifiant
l'une des Orties de M. Leclancher avec la
plante de Java à laquelle M. Blume a donné
le nom d'*Urtica Bœhmeria utilis*, il a in-
troduit dans la science une confusion qui

subsiste encore. On doit, en effet, établir une distinction entre cette dernière Ortie, décrite successivement par Rumph, le docteur Roxburg et M. Blume, et dont il existe des échantillons au Muséum sous le nom d'*Urtica tenacissmia*, et la plante chinoise de M. Leclancher, dont les graines ont été rapportées, en Europe, à la demande de M. Decaisne, par M. le capitaine de vaisseau de Freycinet. La première est une plante tropicale qui ne peut supporter les rigueurs de notre climat, tandis que la seconde est cultivée, en pleine terre, au Jardin des Plantes où elle a très bien résisté aux froids exceptionnels de l'hiver de 1879. Cette dernière plante ne peut-être, à notre avis, que l'*Urtica candicans* de Haskarll.

Quelques botanistes, comme Falconner et le docteur Royle, en Angleterre, et M. Weddell en France, vont plus loin et veulent même identifier la Ramie et l'Ortie de Chine, malgré l'autorité de Roxhurg et l'opinion de M. Decaisne.

Dans un travail considérable sur les Urticées publié en 1855, après avoir rappelé que, d'après M. Decaisne, la Ramie ou *Urtica (Bœhmeria) Utilis* (Bl.) différerait du Tchou-Mà ou *Urtica nivea* (Lin) par ses feuilles plus grandes, plus longuement acuminées et grisâtres en dessous, et aussi par la qualité de ses fibres, M. Weddell se range à l'opinion de Falconner et du docteur Forbes Royle qui inclinent à regarder ces deux plantes comme identiques. « Je crois enfin, ajoute-t-il, devoir faire remarquer que, quelque puisse être l'importance attribuée dans d'autres groupes de végétaux aux caractères signalés par M. Decaisne, ils n'en ont réellement qu'une bien secondaire dans des plantes aussi polymorphes que les Urticées (1). »

Nous ne pouvons nous ranger à cette opinion, car les raisons données, en 1845, par M. Decaisne, nous semblent plutôt confirmées qu'affaiblies depuis cette époque. Aux caractères botaniques du port, de la forme des tiges, de la dimension des feuilles et de la couleur de leur face inférieure sont venus s'ajouter ceux qui dénotent chez ces plantes une constitution différente. Il est impossible de confondre l'*Ortie de Chine* plante robuste, pouvant résister aux plus grands froids, avec la *Ramie*, plante moins résistante, mais d'une végétation plus puissante et originaire des contrées équatoriales.

Nous trouvons, dans une analyse comparative des fibres de ces deux plantes, publiée

____

(1) *Archives du Muséum d'histoire naturelle de Paris*. Vol. IX.

tout récemment dans la Technologie de Muspratt (1), une confirmation de l'opinion que nous venons d'émettre :

	Ortie de Chine.	Ra- mie.
Cendres......................	2.87	5.63
Eau..........................	9.05	10.15
Matières solubles dans l'eau.	6.47	10.31
Cire et matières grasses....	0.21	0.59
Cellulose....................	78.07	66.22
Substance intercellulaire....	6.10	12.70

Cette analyse montre qu'il existe des différences sensibles dans la composition des fibres des deux orties qui nous occupent et vient justifier, d'une manière complète, les appréciations de M. Decaisne.

On pouvait craindre que la culture de la Ramie, plante orginaire des pays intertropicaux, ne fut pas possible en Europe ? Heureusement de nombreux essais de culture, faits pendant ces dernières années, ont prouvé que cette ortie peut prospérer dans le bassin de la Méditerranée et y donner des récoltes rémunératrices.

Fibre exceptionnelle, multiplication simple et rapide, culture facile, récoltes abondantes, telles sont les remarquables quali-

---

(1) Muspratt's Theoretische, Praktische und Analytische Chemie. 1880.

tés qui doivent attirer, sur cette plante, l'attention des Agriculteurs et motiver son introduction en Algérie, en Corse, dont les parties voisines de la mer lui conviennent merveilleusement, et enfin dans nos départements du Midi si cruellement éprouvés par l'invasion du phylloxera et la découverte de l'Alizarine artificielle.

III

Culture. — Multiplication. Rendement

Les essais de culture des orties textiles n'ont pas été faits sur une échelle suffisante, pas plus en France qu'en Algérie, pour permettre d'en déduire des règles fixes pour les plantations futures. On connaît cependant un certain nombre de faits, tant par les renseignements venus des pays dont ces orties sont originaires que par les expériences faites en France, qui peuvent fournir des indications utiles aux personnes qui veulent entreprendre cette culture.

En 1849, le R. P. Bertrand, missionnaire apostolique en Chine, écrivait ce qui suit au Directeur des Missions Etrangères, à propos de l'Ortie cultivée dans le Su-Tchuen, sous le nom de *Tsing-Mâ*, entre les 31° et 34° degrés de latitude Nord :

« On ne sème pas le chanvre vert, on le plante à peu près comme la canne à sucre. Voici le mode de plantation que l'on suit ici. Après avoir préparé le terrain par un bon labour, vers la fin de février, on va chercher

des plants dans un terrain anciennement
cultivé en *Tsin-Mâ*; ce plant n'est autre
que le tiers ou le quart de vieilles souches
que l'on confie immédiatement au terrain
préparé, en ayant soin de les placer à 0^m,05
de profondeur et à la distance de 0^m,20. Ces
fragments de souche prennent peu à peu racine ; au bout d'un mois on voit poindre des
jets qui s'élèvent tout droit et qui atteignent,
en quarante jours, une hauteur de 2^m,35 à
2^m,70. On croirait voir un arbuste plutôt
qu'une plante. La tige, creuse comme celle
du chanvre ordinaire, a environ 0^m,011 de
diamètre...

Une fois planté, un terrain bien entretenu
fructifie ordinairement pendant cent ans. Le
principal entretien consiste dans un sar-
clage qu'il faut donner chaque mois au
moins (décembre et janvier exceptés) ; un
peu d'engrais aide beaucoup au développement de la plante.

Pour récolter ce chanvre, on ne l'arrache
pas ; on le coupe à ras de terre avec un instrument tranchant. On ne le rouit pas, on ne
le teille pas. Immédiatement après avoir
séparé la tige de la souche, on enlève de bas
en haut l'écorce qui est composée de deux
parties ; la première qui est verte est rejetée,
la seconde qui est blanchâtre constitue le
vrai chanvre. Les feuilles restent sur le terrain et lui servent d'engrais ; la partie li-

gneuse, mise à nu, est recueillie pour faire des allumettes.

Le *Tsin-Mâ* donne trois récoltes par an : la première en juin ; la seconde vers la fin d'août ou le commencement de septembre ; la troisième, qui a moins d'importance, a lieu en novembre. Aussitôt après la récolte de nouveaux jets remplacent les anciennes tiges (1). »

A peu près à la même époque, M. Blume, directeur du musée botanique de Leyde, qu'un long séjour à Java avait mis à même d'apprécier la valeur de la Ramie, écrivait à propos de cette plante : « La *Bœhmeria utilis* (Bl.) est très répandue dans toutes les grandes îles de l'archipel des Indes, où elle est connue sous le nom Malais de Ramée ou Ramie. Elle y croît à l'ombre dans une terre humide et assez fertile; conditions qui se trouvent favorablement réunies dans les plantations de café abandonnées, très nombreuses dans presque toutes les colonies où la culture du café est établie sur une grande échelle...

La culture se fait de la façon la plus simple et la plus facile, en employant la racine charnue de la plante déchirée ou coupée en morceaux. On les met à trois ou quatre pieds de distance, et ce n'est qu'au commen-

---

(1) *Journal d'agriculture pratique.* Mai 1849.

cement de la plantation qu'il est nécessaire
de remuer et de sarcler le terrain à l'entour.
Sous les conditions favorables que je viens
d'indiquer, la plante développe bientôt des
tiges à la hauteur de cinq à sept pieds.
Aussitôt que l'épiderme des tiges prend une
couleur brunâtre assez foncée, on les coupe
pour en tirer la filasse. Il résulte des expériences faites qu'on peut les couper au moins
quatre fois par an, et que la première
année déjà, la première coupe donne quatre
tiges, la seconde coupe donne six à huit
tiges, la troisième donne dix à douze tiges,
la quatrième donne seize à vingt tiges. La
plante se propage d'une manière étonnante,
comme les orties chez nous ; mais il faut
prendre garde de couper les tiges tout près
de la racine dont elles sortent (1). »

Les renseignements qui précèdent fournissent de précieuses indications auxquelles
nous n'aurons que peu de chose à ajouter
dans l'examen détaillé que nous allons faire
des Orties Textiles au point de vue de leur
culture.

Climat.— L'Ortie Blanche est une plante
extrêmement robuste dont la racine résiste
aux hivers les plus rigoureux et qui peut
être cultivée, avec succès, dans les parties
les plus froides de la France

---

(1) Th. Meerman. *La Ramie*

L'expérience a prouvé que la Ramie, bien qu'originaire des pays intertropicaux, peut parfaitement croître et prospérer dans le Midi de la France, en Corse et en Algérie, et y donner des récoltes rémunératrices.

Ces deux plantes réunies répondent, en conséquence, à tous les besoins de l'Agriculture de notre pays, et c'est au cultivateur à faire choix, dans chaque cas particulier, de celle qui convient le mieux aux conditions climatériques dans lesquelles il se trouve placé.

La puissance de végétation de ces Orties, toutes choses égales d'ailleurs, est en quelque sorte proportionnelle à la quantité de chaleur qu'elles reçoivent. C'est dire qu'on ne peut espérer, dans nos contrées, un rendement égal à celui que l'on obtient dans les pays dont elles sont originaires, et nous devons, à cette occasion, mettre en garde les cultivateurs contre les appréciations exagérées et mensongères dont ces plantes ont été trop souvent l'objet.

La culture de ces Orties, même avec ces restrictions, n'en demeure pas moins très rémunératrice, et l'on peut dire, avec confiance, que leur acclimatation serait une acquisition précieuse pour notre Agriculture et pour notre Industrie.

Sol. — Il est généralement admis, depuis

le célèbre professeur André Thouin qui le
constatait déjà en 1815, que la Ramie et
l'Ortie de Chine peuvent prospérer dans les
terrains les plus médiocres, comme le prou-
vent les belles récoltes obtenues, par M. de
Malartie, dans le sol grossier et sans profondeur de la Crau. M. Pépin est même d'avis
que ces plantes améliorent à la longue le
sol dans lequel on les cultive.

Cependant, pour atteindre à leur maximum
de développement, elles demandent des terres
légères, un peu sablonneuses, mais riches,
fraîches naturellement ou facilement arro-
sables. D'après notre expérience personnelle,
les terres fortes et compactes sont celles qui
leur conviennent le moins, lors même qu'on
peut les irriguer. Leur végétation y est moins
puissante et la partie ligneuse des tiges s'y
développe au détriment de la fibre utilisable.

Le sous-sol doit être perméable, car bien
que ces Orties aiment les sols frais, elles
craignent cependant les terrains marécageux,
comme le prouve l'insuccès des cultures de
la Ramie essayées, à Java, par le gouvernement Hollandais, dans d'anciennes Rizières.
Cela tient à ce que leurs racines se décom-
posent et pourrissent lorsqu'elles sont dans
une humidité permanente.

Multiplication. — Le moyen le plus simple et le plus pratique, pour reproduire les
Orties dont nous nous occupons, est celui qui

est exclusivement usité en Chine et à Java
et qui consiste à employer des rhizomes ou
fragments de racines.

On peut, à la vérité, reproduire également
ces plantes par graines, boutures ou mar-
cottes; mais ces moyens sont plus délicats
et d'une réussite moins assurée. Il peut y
avoir cependant un certain intérêt à essayer
la reproduction au moyen des graines, pour
étudier les modifications qui peuvent en ré-
sulter, mais les semis exigent des soins nombreux qui sont moins du domaine de l'Agriculteur que de celui de l'Horticulteur ou du
Botaniste.

Les plants de Ramie ou d'Ortie de Chine
sont encore d'un prix assez élevé; le cultivateur doit donc chercher à produire ceux
qui lui sont nécessaires, en achetant seulement quelques pieds et en les multipliant
dans une pépinière ou mieux dans le champ
même qui doit être consacré à cette culture.

Pour établir une pépinière, il faudra choi-
sir un terrain fertile, suffisamment frais et
convenablement ameubli. Les fragments de
racine ou éclats de pied destinés à la reproduction devront avoir dix à douze centim.
de longueur et porter au moins deux yeux.
Ils seront plantés en lignes parallèles, dis-
tantes de 0m 50, et espacés sur ces lignes
d'une quantité égale. On doit les planter un
peu obliquement et de manière à ce que leur

extrémité dépasse de 3 à 4 centimètres le niveau du sol. Un fragment de racine planté en avril et convenablement dirigé, c'est-à-dire pincé lorsque ses rejets atteignent 0ᵐ 15 de hauteur et buté ensuite, donnera au printemps suivant un nombre considérable de plantes nouvelles.

Plantation. — Il n'y a généralement aucun avantage pour l'Agriculteur à créer une pépinière et il est préférable d'établir de suite les plants sur le terrain qu'ils doivent occuper définitivement.

Le terrain choisi pour cette culture ayant été défoncé et convenablement ameubli, on trace au Rayonneur des sillons parallèles dans lesquels on dépose les plants, en ayant soin de les disposer en quinconce. On a conseillé de tracer ces sillons à la distance d'un mètre l'un de l'autre et d'espacer les plants, dans le sillon, d'une quantité égale. Cette disposition ne présente que des inconvénients. Malgré la rapidité avec laquelle ces orties s'étendent, il leur faut cependant un temps assez long pour couvrir tout l'espace qui les sépare et beaucoup de terrain reste ainsi improductif, au moins pendant la première année. En outre, le sol n'étant abrité par rien se dessèche facilement et les mauvaises herbes peuvent s'y développer en toute liberté.

Il nous semble préférable de tracer les lignes de la plantation à une distance de 0ᵐ50

seulement l'une de l'autre et d'espacer les
plants, sur les lignes, de la même quantité
Pour une surface donnée le nombre des plants
est ainsi quadruplé, le sol plus ombragé
se maintient plus frais, les tiges plus serrées
croissent plus droites et les plantes parasites
sont rapidement étouffées par la végétation
vigoureuse des orties.

L'année suivante, après la première coupe,
on enléve une ligne de plants sur deux, et
cela dans les deux sens. La plantation, dans
laquelle les pieds conservés seront alors espacés d'un métre dans toutes les directions,
se trouvera ainsi couvertie en culture défi-
nitive et les racines enlevées, convenablement
divisées, serviront à établir une nouvelle
pépinière qui n'occupera qu'un espace limité
et qui se transformera à son tour en plantation permanente.

Dans les pays où l'on a l'habitude de cultiver les vignes en hautains, il sera facile de
joindre à cette culture celle des Orties Textiles,
car ces plantes se développent très bien dans
les terrains ombragés. Il ne serait même
pas impossible que la forte proportion de
tannin contenue dans les Orties ne devienne
un empêchement au développement du phylloxera.

Irrigation. — L'Ortie de Chine ainsi que
la Ramie résistent très bien à une sécheresse
prolongée, mais alors leur végétation exté-

rieure devient languissante. Il résulte d'une communication du Gouvernement des Indes Anglaises que dans les parties de l'Inde où l'on cultive ces Orties, la pousse des tiges n'a lieu pour ainsi dire que pendant la saison des pluies.

Aussi il devient nécessaire, pendant les grandes chaleurs, si le sol dans lequel ces orties sont plantées n'est pas naturellement frais, de faciliter leur végétation et d'exciter leur croissance par des arrosages qui devront être d'autant plus fréquents que le sol sera plus perméable, mais qui devront cesser quinze jours avant la récolte pour permettre aux tiges de se fortifier et de perdre leur excès d'eau.

On devra, en conséquence, disposer le sol de la plantation de manière à permettre les arrosages. La meilleure disposition consiste à placer les plants sur des ados séparés par des rigoles qui servent à la fois pour l'arroge et pour l'écoulement des eaux pluviales, en même temps qu'elles permettent de pénétrer facilement dans l'intérieur de la plantation.

Engrais. — Comme toutes les plantes dont la partie foliacée est très développée, les Orties Textiles puisent dans l'atmosphère une grande partie des éléments nécessaires à leur nutrition. Ces plantes, en conséquence, ne sont pas épuisantes et peuvent prospérer dans un terrain médiocre, tandis que le Chanvre et le Lin exigent des sols très riches qu'ils appauvrissent excessivement.

Il ne faudrait pas en conclure que ces orties sont insensibles à l'action des engrais. Leur végétation sera toujours proportionnelle aux aliments qu'on leur fournira, pourvu qu'ils soient sous une forme assimilables. En conséquence, comme pour toutes les plantes à croissance trés rapide, ce sont les engrais liquides qui leur conviennent le mieux. On doit les employer, plus ou moins étendus d'eau, au printemps et après chaque coupe.

Quant au fumier de ferme, il ne faut l'employer qu'en couverture avant l'hiver, de manière à permettre à la pluie et à la neige de le désagréger et d'en faire pénétrer les éléments dans le sol.

Travaux annuels. — La première année la culture de la Ramie et de l'Ortie de Chine exige quelques sarclages autour des jeunes plants pour les débarraser des mauvaises herbes. Mais lorsque la plante a envahi tout l'espace qu'on lui a destiné, les sarclages deviennent impossibles et les travaux annuels se réduisent à donner, au printemps, un trait de charrue entre les lignes pour nettoyer les rigoles d'irrigation, et un second à l'automne pour chausser les pieds pour l'hiver.

Récolte. — D'après le Traité Impérial d'Agriculture chinoise, on doit couper les tiges des Orties fextiles avant la floraison, lorsqu'elles commencent à prendre une teinte brune à la partie inférieure. Dans les essais de culture de ces plantes qui ont été tentés en France, on a jusqu'ici suivi la même règle et il convient de s'y conformer, tant qu'une expérience suffisante n'aura pas démontré qu'il est utile de la modifier.

La récolte des tiges doit se faire à la main.

A cet effet, on saisit la tige de la main gauche et, avec la main droite, on la coupe, au moyen d'un couteau ou mieux d'une serpette, à quelques centimètres au-dessus de la racine. L'instrument doit-être très tranchant pour éviter les déchirures qui empêcheraient la plaie de se cicatriser. On ne doit pas employer la faux pour récolter les tiges, car avec cet instrument on coupe indistinctement les tiges parvenues à maturité et celles qui ne le sont pas, au grand détriment de la plantation et de la récolte suivante. Quant à la machine à moissonner dont il a été question dans quelques brochures, il suffit de voir un champ de Ramie pour reconnaitre que son emploi est impossible..

Si les tiges doivent être employées à l'état vert, on les réunit par bottes de cent cinquante ou de deux cents et on les transporte, sans retard, au point où elles doivent être mises en œuvre. La décortication doit suivre, en effet, presque immédiatement la récolte, car, après vingt-quatre heures d'attente, cette opération devient impossible avec les Machines actuellement connues.

Si elles doivent, au contraire, être employées à l'état sec, il faut les faire sécher au soleil aussi rapidement que possible. Cette opération présente de très grandes difficultés dans nos climats, car les tiges contiennent beaucoup d'eau et sont en outre très hygrométriques; dans bien des circonstances elle sera impraticable, et elle sera toujours coûteuse par suite de la main d'œuvre qu'elle exige pour retourner les tiges sur le sol jusqu'à ce qu'elles soient sèches. Cependant il faudra bien se garder de les rentrer avant leur entière dessication, car elles ne tarderaient pas à se couvrir de moisissures, ce qui arriverait également si on les conservait dans un lieu accessible à l'humidité.

Dans le cas où l'on voudrait utiliser les feuilles des Orties Textiles pour la nourriture des animaux ou pour la fabrication du papier, il faudra procéder à l'effeuillage des tiges au moment de leur récolte. Mais si on ne veut pas utiliser ces feuilles, il n'y a pas lieu de s'en préoccuper, car elles ne sont pas un obstacle dans le traitement des tiges à l'état vert, et elles se détachent naturellement des tiges sèches.

Rendement. — On ne doit pas s'attendre à trouver, dans les Orties Textiles cultivées en France, la puissance de végétation qu'elles possèdent dans les pays intertropicaux, sous la double influence de la chaleur et de l'humidité. Aussi, dans nos contrées, ces plantes ne donnent ordinairement que deux récoltes qui se font, la première vers le 15 juillet et la seconde vers la fin d'octobre ou le commencement de novembre. Pour obtenir une fibre de qualité constante, il faut que les tiges des deux coupes soient exactement au même point de maturité. Il conviendra, en conséquence, d'activer, par des engrais liquides, la végétation de la première récolte, surtout si le printemps a été froid, de manière à faire cette récolte vers le milieu de juillet, ce qui permet d'obtenir la seconde coupe dans des conditions satisfaisantes.

D'après des calculs faits par M. Hardy, ancien directeur du jardin d'Essai près Alger, une plantation d'Orties Textiles, âgée de plus d'une année et dont les tiges ont atteint une hauteur de 2 mètres, donnerait, à l'hectare, 60,000 kil. de tiges vertes avec leurs feuilles. Les feuilles entreraient dans ce poids pour 25,500 kil. et les tiges pour 34.500 kil., qui se réduiraient par la dessition à 6,125 kil. et qui donneraient 1.750 kil. de lanières fibreuses, M. Hardy admet que l'on peut obtenir, en Algérie, deux coupes semblables, ce qui porterait le rendement d'un hectare à 12,250 kil. de tiges sèches et 3,500 kil. de fibres utilisables. Dans ces conditions, la culture des Orties Textiles serait extrèmement rémunératrice.

Nous devons reconnaître qu'on n'a généralement pas obtenu, en France, des rendements aussi considérables. Nous trouvons dans une brochure très intéressante sur la Ramie, publiée, en 1877, par M. Goncet de Mas, des renseignements précis sur les rendements qu'il a obtenus dans ses essais de culture de cette plante. M. Goncet de Mas cultive la Ramie aux environs de Padoue, dans des conditions climatériques analogues à celles du Midi de la France, et les chiffres qu'il donne nous paraissent répondre aux résultats qu'on est en droit d'espérer de la culture des Orties Textiles dans nos départements du Midi.

La première année, il a obtenu, à l'hectare, 18,000 kil de tiges fraiches, en deux coupes; dans ce poids les feuilles entrent pour moitié, suivant lui. Les 9,000 kil. de tiges vertes effeuillées ont donné 1,800 kil. de tiges sèches et 400 kil. de filasse.

La seconde année, il a obtenu 65.750 kil. de tiges avec leurs feuilles, soit 32,875 de tiges effeuillées, 6,575 kil. de tiges sèches et 1180 kil. de filasse.

La troisième année, la plantation étant ar-

rivée à son état définitif, les plants à **1 m.**
les uns des autres dans tous les sens, mais
réunis par les **rejets et les rhizomes**, il a obtenu, en deux coupes, 80,900 kil. de tiges
vertes avec leurs feuilles, ce qui correspond
à 40,450 kil. de tiges effeuillées, 8,000 kil.
de tiges sèches et 1,600 kil. de filasse. (1)

D'autres Agriculteurs ont obtenu, dans le
Midi de la France, jusqu'à 2,000 kil. de filasse à l'hectare. On peut donc admettre que
le rendement de la Ramie, dans des conditions que nous considérons comme normales
pour notre pays, sera de 1,600 à 2,000 kil.
de filasse, pour deux coupes annuelles, ce
qui fait que chaque coupe donnera un rendement en filasse supérieure à la meilleure
récolte de Chanvre ou de Lin.

Les chiffres que nous venons de citer se
rapportent à l'*Urtica utilis* ou *Ramie*.
M. Goncet de Mas estime que le rendement
de l'*Urtica nivea* ou *Ortie blanche de la
Chine* serait inférieur à peu près d'un tiers
en quantité. Dans ces conditions, la culture
de cette ortie serait encore très rémunératrice pour les contrées où la culture de la Ramie n'est pas possible.

Quant au prix que peut atteindre la
filasse des Orties Textiles, il doit varier évidemment avec sa qualité et son état, mais

---

(1) Goncet de Mas. *Culture de la Ramie*. 1877.

nous pensons qu'il doit au moins égaler celui de la filasse de Lin dans les mêmes conditions de préparation et de qualité. Actuellement, à Londres, la valeur des filasses de China-grass, importées de l'Inde et de la Chine, est de L. 45 à L. 50 la tonne, soit 1 fr. 10 à 1 fr. 25 le kilogr.

Un point sur lequel nous devons appeler l'attention des agriculteurs, c'est que les Orties Textiles n'arrivent à leur rendement normal que la troisième année de leur plantation. C'est seulement lorsque tout le sous-sol de la plantation est occupé par leurs racines que les plantes poussent de nombreux rejets et donnent les quantités de tiges citées plus haut.

Il est bien difficile de calculer, d'une manière générale, les dépenses qu'entraîne la création d'une plantation d'Orties Textiles ainsi que les frais de son entretien annuel. Ces dépenses varient avec la valeur du sol, le prix de la main d'œuvre, de l'eau, des engrais... Il faut établir un calcul pour chaque cas particulier et les agriculteurs qui voudront se livrer à la culture de ces plantes, peuvent le faire facilement au moyen des renseignements que nous venons de donner.

Ce qu'on peut dire, avec certitude, c'est que la culture des Orties Textiles ne présentent pas de difficultés sérieuses, qu'elle n'exigent pas de dépenses excessives et que,

la plantation une fois faite, les travaux annuels ne sont pas considérables. Si l'on ajoute
que ces plantes peuvent trouver place dans
la grande comme dans la petite culture,
qu'elles n'épuisent pas le sol qui les porte,
qu'elles éloignent les insectes nuisibles par
la grande quantité de tannin qu'elles contiennent, enfin que chaque coupe donne un
rendement supérieur à la meilleure récolte de
chanvre ou de lin, on peut conclure, avec
confiance, que si ces plantes prennent dans
nos cultures la place qui leur est due, ce sera
une des plus belles conquètes de l'Agricul-
ture.

IV

Décortication

Lorsqu'il s'est agi d'utiliser les tiges que les Orties Textiles produisent en grande quantité, même en Europe, l'Industrie a rencontrée des dificultés inattendues.

On sait, depuis l'Exposition Universelle de 1851, que plusieurs fabricants anglais ont trouvé le moyen d'employer les fibres de ces Orties telles qu'elles nous arrivent de la Chine et des Indes. Ce n'est donc pas à l'occasion de l'utilisation des fibres, mais bien dans le traitement des tiges entiéres, soit à l'état vert soit à l'état sec, que ces difficultés se sont produites.

Les moyens dont les Malais et les Chinois font usage, pour extraire les fibres de ces Orties, ne peuvent être employés en Europe par suite du prix élevé de la main d'œuvre et il est indispensable de les remplacer par des procédés plus rapides et plus économiques. On a essayé, dans ce but, d'appliquer à ces Orties le traitement usité pour le chanvre et le lin, sans se demander s'il était bien approprié à des plantes si différentes des textiles que nous cultivons, tant par la quantité si considérables de gomme qu'elles contiennent que par la résistance beaucoup plus grande de leur partie ligneuse interne. On ne doit pas s'étonner, en conséquence, si les efforts tentés dans cette voie n'ont pas donné jusqu'ici des résultats entièrement satisfaisants.

Nous allons passer rapidement en revue les essais qui ont été faits jusqu'à ce jour, de manière à bien déterminer le point où était arrivée, dans ces derniers temps, la question de la décortication des orties textiles.

ROUISSAGE

Les fibres utilisables des Plantes Textiles dicotyledonées sont contenues dans l'écorce qui recouvre la partie ligneuse ou chénevotte. Elles sont quelquefois disséminées irrégulièrement dans le Parenchyme de cette écorce, mais le plus souvent elles sont disposées en faisceaux triangulaires dont la base est appuyée sur la zône du Cambium et dont l'angle opposé est dirigé vers l'Epiderme (1). Ces fibres sont solidement collées sur la chénevotte et soudées au tissu cellulaire qui les enveloppe par des sécrétions mucilagi-

---

(1) Vétillard, *Études sur les plantes textiles.*

neuses, insolubles dans l'eau, et dont il faut les débarrasser pour pouvoir les utiliser.

Le moyen universellement employé à cet effet, depuis les temps les plus reculés, est la macération dans l'eau. Cette opération, vulgairement connue sous le nom de Rouissage, a pour but de rendre soluble, par la fermentation, la matière agglutinative insoluble qui entoure les fibres, de manière à amener la séparation de la chènevotte et des filaments qui l'enveloppent.

Le rouissage, sans parler des inconvénients sérieux qu'il présente pour la santé publique par suite des émanations pestilentielles qui s'échappent des Routoirs, est une opération délicate qui demande une surveillance constante. Si l'on arrète trop tôt la fermentation, les filaments ne sont pas débarrassés des substances qui les réunissent; si on la prolonge, au contraire, au-delà du terme convenable, les filaments s'altèrent et ne forment bientôt plus qu'une masse d'étoupes sans valeur. On s'arrète, en conséquence, avant la transformation totale de la matière agglutinative, qui est généralement de la pectose, en pectine soluble, et on a recours aux opérations subséquentes du *Teillage* et du *Peignage* pour amener la séparation complète des fibres utilisables et de la partie ligneuse interne.

Appliquée au chanvre et au lin, cette opération ne présente cependant pas de difficultés bien sérieuses. Les tiges de ces textiles, lorsqu'on les soumet au Rouissage, sont arrivées à un point de maturité à peu près uniforme, elles sont en général de même grosseur et ne contiennent qu'une quantité assez faible de matière pectique agglutinative. Bien qu'il résulte des expériences du Dr Hunter que chaque journée de Rouissage fasse perdre de la force aux filaments de ces textiles et leur communique une teinte qui ne peut être enlévée que par les agents chimiques, l'opération cependant marche le plus ordinairement d'une manière régulière et la séparation de la partie ligneuse et des fibres utilisables se fait avant que la fermentation ait altéré ces dernières au point de s'opposer à leur emploi.

Il en est tout autrement avec les Orties Textiles dont les tiges, de grosseurs très irrégulières, ne sont jamais arrivées au même point de maturité et dont les fibres sont comme noyées au milieu d'une masse considérable de matière agglutinative. L'opération ne marche plus avec la même régularité que pour le chanvre et le lin : certaines tiges ne sont pas assez rouies tandis que d'autres le sont trop et l'on rencontre, sur la même tige, des points où la fibre est encore adhérente à la chénevotte, tandis que, sur d'autres, elle est déjà altérée.

Tous les essais tentés pour appliquer le Rouissage aux tiges des Orties Textiles ont donné le même résultat, qu'on ait employé le procédé ancien pratiqué depuis des siècles ou les procédés les plus nouveaux et les plus préconisés. L'opération s'est toujours faite d'une manière irrégulière, imparfaite sur certains points, trop avancée sur d'autres, où la fibre altérée ayant perdu sa faculté de résistance, se rompait au moindre effort et se transformait en déchets sans valeur.

Les essais dont nous venons de parler, d'accord avec l'expérience séculaire des Malais et des Chinois, ont donc condamné l'emploi du Rouissage, et on a dû chercher alors à utiliser directement les Tiges des Orties Textiles, soit à l'état sec, soit à l'état vert, en abandonnant une opération reconnue comme absolument nuisible.

DÉCORTICATION DES TIGES DE RAMIE A L'ETAT SEC

Les succès obtenus, dans ces derniéres années, dans le traitement direct du chanvre et du lin, sans rouissage préalable, avaient permis d'espérer que l'on obtiendrait des résultats analogues avec la Ramie et nous devons reconnaître, en effet, que les efforts tentés dans cette voie ont donné des résultats relativement satisfaisants.

Au point de vue Industriel, le traitement des tiges de Ramie, à l'état sec, présente de sérieux avantages. Tandisqu'il faut décortiquer les tiges vertes presque immédiatement après leur coupe, le traitement des tiges sèches ne limite pas aussi étroitement le moment de l'extraction des fibres, ce qui permet de maintenir les machines en activité pendant toute l'année et de les approvisionner au moyen des tiges récoltées dans un certain rayon, bien que la Ramie sèche constitue une matière très encombrante dont le transport, même à petite distance, présente des difficultés.

Les matières pectiques, qui réunissent si énergiquement entre eux les filaments des Orties Textiles et dont les Chinois ne parviennent pas à débarasser les fibres qu'ils nous envoient, se transforment par la dessication, perdent leur propriété adhésive et se pulvérisent assez facilement sous l'action des machines. Il en est de même de la pellicule brune extérieure qui devient friable et qui s'élimine sans trop de difficulté lorsque les tiges sont à un point de dessication convenable.

Enfin le rendement des tiges sèches a été jusqu'ici bien supérieur à celui des tiges vertes. On retire, en effet, des tiges sèches presque la totalité des fibres qu'elles renferment, tandisque, comme nous le verrons plus loin, la meilleure machine connue pour la décortication à l'état vert, donne seulement 2 kil. 750 de fibres utilisables pour 100 kil de tiges vertes, ce qui représente à peu près la moitié de ce que ces tiges contiennent. Les filaments qui proviennent des tiges vertes semblent, à la vérité, d'une qualité supérieure à ceux qu'on retire des tiges sèches, mais cette supériorité n'est pas suffisante pour contrebalancer une aussi grande différence de rendement.

Frappés des avantages que nous venons d'énumérer, la plupart des constructeurs de machines à teiller le chanvre et le lin ont cherché à les approprier au traitement de la Ramie à l'état sec. Notre intention n'est pas d'étudier toutes les tentatives qui ont été faites dans ce sens et nous parlerons seulement de deux de ces machines qui ont fonctionné sous nos yeux et qui nous semblent mériter, à des titres divers, l'attention des industriels.

La première est la machine construite, en 1875, par la maison Cail. C'est à proprement parler la machine à teiller le chanvre et le lin de M. Huret-Lagache, dont le nombre des paires de cylindres a été porté à vingt-quatre. Elle se compose essentiellement de deux séries de cylindres horizontaux superposés, entre lesquels on engage les tiges à décortiquer. Les cylindres inférieurs sont animés d'un mouvement de rotation, dans le même sens, autour de leur axe, de manière

à déterminer l'entraînement des tiges, tandis
que les cylindres supérieurs possèdent un
mouvement alternatif particulier qui produit
un froissement énergique sur les tiges en-
gagés dans l'appareil. Lorsque les tiges sont
dans un état de dessication convenable, la
séparation de la partie ligneuse et des fibres
utilisables se fait avec facilité ; une portion
notable des matières pectiques est également
éliminée, ainsi que la plus grande partie de
la pellicule brune extérieure.

La machine de M. Huret-Lagache peut
produire 200 kil. de filasse par journée de
travail ; elle peut, en conséquence, satisfaire
à tous les besoins de l'Industrie. Le rendement des tiges de Ramie, en filasse, varie de
20 à 30 pour 100 de leur poids ; nous avons
même obtenu un rendement de 33 pour 100
avec des tiges de cette plante récoltées en
Algérie.

La seconde machine dont nous parlerons
et celle de M. Rolland. Beaucoup moins puissante que celle de M. Huret-Lagache, elle
peut cependant rendre des services pour des
installations modestes.

Elle se compose essentiellement de deux
cylindres horizontaux superposés entre lesquels on engage les tiges que l'on veut décortiquer. Ces cylindres sont animés d'un mouvement de rotation autour de leur axe pour
déterminer l'entraînement des tiges ; en outre

le cylindre supérieur, qui est cannelé circulairement, possède un mouvement de va-etvient dans le sens de son axe. Par suite de
ce dernier mouvement, il agit à peu près
comme une rape sur la partie ligneuse des
tiges qui est éliminée en petits fragments,
tandis que la fibre utilisable, partiellement
désagrégée, est débarassée d'une portion notable de sa gomme et de la pellicule brune
qui la recouvre extérieurement.

Les tiges que l'on veut décortiquer sont
engagées entre les deux cylindres, mais chaque tige doit être séparée de sa voisine par
une distance un peu plus grande que le déplacement latéral du cylindre supérieur, ce
qui fait qu'on ne peut traiter à la fois qu'un
nombre assez limité de tiges. En outre, pour
produire un bon travail, le mouvement de
rotation des cylindres doit être assez lent; il
en résulte que le rendement de la Machine
n'est pas très considérable, mais elle est ingénieuse et, comme on pourrait la construire
à très bas prix, elle présente un certain intérêt au point de vue de la petite industrie.

Les machines dont nous venons de parler,
comme toutes celle qui sont fondées sur le
même principe, exigent que les tiges de Ramie que l'on veut décortiquer soient extrèmement sèches. On ne peut pas les amener
à l'état convenable par une simple exposition
à l'air libre, car des tiges récoltées en Algérie et conservées en magasin, dans cette

contrée, pendant plus d'une année, n'étaient
pas assez sèches pour être traitées avec succès, pas plus par la machine de M. Rolland
que par celle de M. Huret-Lagache. Il est
indispensable, en conséquence, de faire passer les tiges au séchoir avant de les décortiquer.

Cette opération ne constitue pas une im-
possibilité au point de vue industriel, car le
procédé de MM. Léoni et Coblentz, pour le
traitement du chanvre et du lin sans rouissage, repose essentiellement sur le passage à
l'Étuve des tiges de ces textiles, et l'on sait
que ce procédé est entré dans la pratique depuis plusieurs années. Cette obligation n'en
constitue pas moins une difficulté sérieuse,
particulièrement pour les petites installations, et elle sera, dans tous les cas, une
cause notable de dépense. Il est vrai, d'un
autre coté, qu'elle présente l'avantage de
permettre un travail très régulier lorsque les
tiges sont exactement amenées au point de
dessication convenable et que les machines
ont été réglées en conséquence.

Il résulte de ce que nous venons de dire
qu'au point de vue purement industriel, la
question de la décortication de la Ramie, à
l'état sec, est à peu près résolue. Malheureusement la dessication des tiges de Ramie à
l'air libre présente de telles difficultés, dans
nos contrées du moins, qu'il est douteux que
l'Agriculture puisse jamais fournir à l'Indus-

trie, d'une manière régulière, les tiges sèches dont cette dernière aurait l'emploi. Si l'on peut, à la rigueur admettre que la dessication à l'air libre pourra être employée pour les tiges récoltées en juillet, en laissant de côté la question de main d'œuvre qu'entrainerait une semblable opération, il faut bien reconnaître que cela ne sera plus possible pour les tiges récoltées à la fin d'octobre ou au commencement de novembre. Pour faire sécher ces dernières, il faudrait avoir recours à la chaleur artificielle, ce qui est absolùment impraticable en présence de masse de matières végétales aussi considérables que celles qui constituent une récolte de Ramie.

Les difficultés que l'on rencontre, en France, pour la dessication naturelle des tiges de Ramie, se présenteront également dans beaucoup d'autres contrées. C'est ainsi qu'aux Indes, par exemple, la récolte de cette plante se fait au moment de la saison des pluies, époque pendant laquelle il est impossible de songer à faire sécher naturellement les tiges récoltées. C'est donc seulement dans les pays où les pluies seront rares au moment des coupes et où le prix de la main d'œuvre sera assez faible pour permettre de procéder économiquement à la dessication des tiges à l'air libre, que les procédés de décortication à l'état sec pourront être appliqués et que les machines dont nous avons parlé trouveront leur emploi.

DÉCORTICATION DES TIGES DE RAMIE A L'ÉTAT VERT

Le gouvernement des Indes Anglaises, en offrant une prime de 125,000 francs, pour la meilleure machine ou le meilleur procédé pour la décortication des tiges de Ramie, a imposè la condition absolue de traiter la plante *à l'état vert.*

Le programme du concours fait connaître à ce sujet que, dans les Indes, la récolte de la Ramie se fait pendant la saison des pluies et qu'il est impossible alors de songer à faire sécher à l'air libre les tiges récoltées. Comme la dessication artificielle de ces tiges est impraticable, il est indispensable de les employer à l'état vert.

Un premier concours a eu lieu à Saharampur, en 1872, mais il n'a donné que des ré‑sultats partiels. Une machine cependant, celle de MM. D. et J. Greig, a obtenu un encouragement de 37,500 fr. La question a été de nouveau posée aux Ingénieurs et aux Industriels de tous les pays qui ont eu, pour se faire inscrire, jusqu'au mois de décembre 1879. Les essais doivent avoir lieu au moment où nous écrivons et naturellement nous n'en connaissons pas le résultat, mais il est peu probable, à notre avis, qu'ils aboutissent à la solution complète du problème tel que l'a posé le gouvernement des Indes Anglaises.

Le programme impose, en effet, aux concurrents l'obligation de séparer d'abord la partie ligneuse des tiges de l'enveloppe corticale, puis de débarrasser les fibres contenues dans cette écorce de la pellicule brune extérieure et de l'excés de matière gommeuse agglutinative qui les réunit, de manière à produire une matière dont la valeur, à Londres, ne doit pas être inférieure à L. 45, et sans que les frais d'extraction puissent dépasser L. 15 par tonne de fibres produites.

Pour exécuter les opérations multiples imposées par le programme du concours, les inventeurs sont nécesairement conduits à imaginer des machines très compliquées, qui exigent un personnel exercé et qui ne peuvent trouver place que dans une usine. Malheureusement le traitement de la Ramie à l'état vert, qui, à priori, semble le plus rationnel, a rencontré dès le principe une difficulté qui rend impossible l'établissement d'usines permanentes. C'est la nécessité de traiter les tiges dans les vingt-quatre heures qui suivent leur coupe, sous peine de voir leur rendement en filasse tomber en quelque sorte à zéro, par suite de la grande adhérence qui s'établit entre la partie ligneuse et son enveloppe corticale.

Si l'on considère qu'il faut au minimum

vingt tonnes de tiges vertes pour produire
une tonne de filasse et que cette masse de
matières végétales représente à peine la récolte de la moitié d'un hectare, on se demande, avec crainte, quelle devrait être l'importance d'une usine destinée au traitement
des tiges produites même dans un rayon restreint et aussi quel serait son sort pendant
l'intervalle des récoltes.

Il nous semble que le Gouvernement des
Indes aurait été mieux inspiré s'il avait of-
fert une prime pour une machine ou un procédé capable de séparer rapidement et économiquement la partie ligneuse de l'enveloppe corticale des tiges, dans le champ
même qui les produit, où on laisserait les
chènevottes et les feuilles et d'où on empor-
terait seulement les écorces qui seraient
soumises ultérieurement aux traitements
nécessaires pour les amener à l'état réclamé
par le programme du Concours.

Toutes les machines imaginées jusqu'ici,
pour traiter la Ramie à l'état vert, ont pré-
senté un défaut qui est de nature à s'opposer
radicalement à leur adoption : c'est qu'elles
n'ont pu retirer plus de la moitié des fibres
utilisables contenues dans les tiges soumises à
la décortication. On a cherché, jusqu'à ce jour,
à séparer la partie ligneuse des tiges de son
enveloppe corticale, en imitant ce qui se faisait pour les tiges sèches, c'est-à-dire en brisant la chènevotte et en l'éliminant en frag-

ments plus ou moins considérables. Malheureusement, à l'état vert, cette chenevotte est beaucoup plus résistante qu'à l'état sec et on ne peut la rompre sans briser en même temps une partie des fibres textiles qui l'enveloppent. Ce sont justement les filaments les plus beaux et les plus fins ceux avec lesquels les Chinois font les belles étoffes connues sous le non de *China-Cloth*, qui avoisinent directement la chenevotte, qui sont brisés avec elle et éliminés avec ses débris.

Quels que soient les perfectionnements que l'on puisse apporter aux Machines à travailler les tiges fraiches, il est peu probable que leur rendement atteigne jamais celui des Machines qui emploient les tiges sèches, du moins tant qu'on aura pas changé le principe sur lequel repose la séparation de la chenevotte et de son enveloppe corticale. Aussi, dans l'état actuel de la science, les Machines à décortiquer la Ramie à l'état vert ne présentent qu'un intérêt secondaire et nous nous bornerons, en conséquence, à parler de deux de ces Machines, l'une est une décortiqueuse Américaine connue depuis longtemps, l'autre est la Machine qui, aux essais de Saharampur en 1872, a donné les résultats les moins incomplets.

La première de ces Machines est celle de MM. Berthet et Labérie, de la Nouvelle Orléans. Elle se compose essentiellement de

deux cylindres horizontaux en bois, placés
l'un au-dessus de l'autre et tournant en sens
inverse; ils portent des saillies formées par
des lames métalliques disposées suivant des
génératrices et régulièrement espacées; ce
sont les broyeurs entre lesquels doivent passer les tiges à décortiquer.

En avant des cylindres, dans le plan horizontal qui passe par leur génératrice de contact, se trouve un grande poulie entourée
par une corde qui est maintenue tendue par
un galet placé dans le même plan, mais du
côté opposé aux cylindres. Les tiges que
l'on veut décortiquer sont introduites entre
la corde et la poulie qui, en tournant, les
présente et les retire aux cylindres. Les tiges
doivent passer deux fois entre les broyeurs
pour être entièrement débarrassées de leur
partie ligneuse; ce qui réduit d'autant le
rendement de l'appareil.

Cette Machine, d'une simplicité primitive
comme on le voit, a donné d'assez médiocres
résultats dans des essais qui ont été faits à
Alger, en 1877, en présence d'une Commission
nommée par la Société d'Agriculture de cette
ville.

Il résulte des renseignements donnés par
l'un des Inventeurs, aux Membres de cette
Commission, que l'on obtient ordinairement,
avec cette Machine, 2 kil 500 de filasse par

100 kil. de tiges vertes décortiquées. C'est la moitié de ce que les tiges contiennent. (1)

La seule Machine qui ait donnée jusqu'ici des résultats relativement satisfaisants pour la décortication de la Ramie à l'état vert est celle de MM. J. et D. Greig, qui a obtenu un encouragement de L. 1,500 au concours de Saharampur en 1872.

Les Inventeurs ont cherché à résoudre complètement le problème posé par le Gouvernement des Indes Anglaises, ce qui les a conduit à construire une machine très compliquée. Les tiges que l'on veut décortiquer sont d'abord engagées entre des cylindres qui brisent la partie ligneuse interne et la séparent de l'enveloppe corticale; cette enveloppe est ensuite soumise à l'action de racloirs qui enlèvent la pellicule extérieure brune, puis à l'action de brosses qui séparent les fibres les unes des autres et éliminent une partie des matières pectiques qui les enveloppent. Pour ces deux dernières opérations, la Machine exige une grande quantité d'eau. Finalement on obtient une filasse analogue à celle qui est produite par les Chinois et les Malais. Malheureusement la Machine donne seulement 2 k. 750 de filasse pour 100kil. de Tiges vertes, c'est-à-dire un peu plus de la moitié de ce qu'elles contiennent, et, aux essais de

____

(1) Bulletin de la Socié.é d'agriculture d'Alger, 1877.

Saharampur, les frais d'extraction ont été de 875 fr. par tonne de fibres extraites, au lieu des 375 fr. stipulés par les conditions du Concours.

Tout ce que nous avons dit jusqu'ici relativement à la décortication des Tiges d'Ortie se rapporte exclusivement à la Ramie; les tiges d'Ortie de Chine sont généralement plus grosses et beaucoup plus résistantes que celles de la Ramie et les Machines à décortiquer actuellement connues sont à peu près impuissantes à en retirer les fibres utilisables.

Comme conclusion de l'Examen auquel nous venons de nous livrer, nous devons reconnaître que, malgré des essais nombreux et des travaux considérables, le problème de la Décortication des Orties Textiles était encore à résoudre dans ces derniers temps, et nous ne pouvons que nous ranger, en conséquence, à l'avis exprimé par M. Rivière, Directeur du Jardin d'Essai d'Alger, dans la Séance du 3 Mars 1877 de la Société d'Agriculture de cette ville, en réponse à une demande du Gouvernement Italien sur la culture et la Décortication de la Ramie dans la Colonie. « La Ramie, disait-il, réussit parfaitement en Algérie et sa culture deviendrait une source importante de revenu, si on parvenait à désagréger complètement les fibres de cette plante sans nuire à leur solidité et à leur brillant. Mais ce résultat est encore à atteindre. Tous les procédés chimiques mis en œuvre laissent beaucoup à désirer sous ce double rapport. Il en est de même des décortiqueuses, sans en excepter celle installée en ce moment (c'était celle de MM. Berthet et Laberie), sur la demande de la Société d'Agriculture, à l'arsenal d'Alger pour y être soumise à des expériences. » (1)

Fallait-il en conclure que nous devions renoncer à acclimater des plantes qui, dans l'Extrème Orient, sont préférées à tous les Textiles, et l'Industrie Moderne devait-elle perdre l'espoir d'utiliser des Orties dont les Malais et les Chinois retirent, depuis des siècles, des filaments qui luttent de solidité et de brillant avec la soie et dont ils confectionnent des étoffes bien supérieures aux produits similaires du Chanvre et du Lin ? Nous verrons dans le chapitre suivant, que le problème de la Décortication des Orties Textiles était susceptible d'une solution aussi simple qu'économique, et que les difficultés qui ont été rencontrées venaient de ce que l'on avait cherché à appliquer à ces Orties les procédés et les Machines employés pour le traitement du Chanvre et du Lin, sans se demander si ces procédés étaient applicables à des plantes qui diffèrent si essentiellement des Textiles que nous cultivons.

---

(1) Bulletin de la Société d'agriculture d'Alger. Janvier, juin, 1877.

V

Nouveau procédé de décortication des Orties Textiles.

1. *Enlèvement de l'enveloppe corticale.*

Ayant fait faire, en 1876, quelques essais de culture de Ramie aux environs d'Alger, nous avions dù nous préoccuper de l'utilisation des tiges de ce textile.

Le Rouissage ne nous ayant donné que des résultats négatifs, nous avions étudié les machines à décortiquer cette plante, tant à l'état vert qu'à l'état sec, et nous n'avions pas tardé à reconnaitre qu'aucun appareil existant ne donnait des résultats entièrement satisfaisants, mais en même temps nous avions été amené à penser que les difficultés rencontrées jusqu'ici dans le traitement des Orties Textiles provenaient en grande partie de ce que le problème avait été mal posé.

Tous les Inventeurs qui ont abordé la question de la décortication de la Ramie ont simplement cherché à approprier au traitement de cette plante les méthodes et les machines employées pour le chanvre et le lin, sans s'inspirer des procédés usités en Chine et dans les Indes pour la préparation des fibres de cette Ortie. Il nous semble cependant que l'on aurait dû tenir compte, dans une certaine mesure, de l'expérience des peuples qui cultivent les Orties Textiles de temps immémorial, et qui, sans exception, les utilisent à l'état vert, sans jamais les soumettre au Rouissage ni au Teillage, bien qu'ils connaissent ces opérations et qu'ils les appliquent à d'autres textiles.

En Europe, la grande difficulté que l'on éprouve pour faire sécher, à l'air libre, les tiges des Orties, impose également l'obligation de les employer sous cette forme. Il en est de même aux Indes, et nous avons vu, à ce sujet, que le programme du concours de Saharampur exige que les tiges des orties textiles soient traitées à l'état vert, d'accord en cela avec l'expérience séculaire des Malais et des Chinois. Mais en demandant une machine ou un procédé capable : 1° de séparer la chènevotte de son enveloppe corticale ; 2° de débarrasser les fibres des matières gommo-résineuses qui les enveloppent et de la pellicule brune qui les recouvre extérieurement, le Gouvernement des Indes Anglaises réunit deux opérations qui, suivant nous, doivent se faire séparément.

L'obligation de remplir toutes les conditions de ce programme conduit nécessairement à construire des machines compliquées qui exigent un personnel exercé et qui ne peuvent trouver place que dans une manufacture. Nous avons vu précédemment que l'établissement d'usines permanentes, pour le traitement de la Ramie à l'état vert, n'était pas possible ; l'emploi de machines se transportant d'exploitation en exploitation ne l'est pas davantage, car toutes les tiges d'une région arrivent à maturité en même temps et l'on ne peut retarder le moment de leur coupe sans compromettre la récolte suivante.

La décortication des tiges des orties textiles doit se faire, en conséquence, dans chaque ferme au moyen de son personnel ordinaire, et, autant que possible, dans le champ même qui les porte, pour éviter le déplacement de masses végétales aussi considérables que celles qui constituent une récolte de Ramie. Dans ces conditions, nous pensons que l'on doit se borner à séparer simplement l'enveloppe corticale de la chènevotte, qu'on laisse sur le sol avec les feuilles, tandis que l'on emporte les écorces, qui seront soumises ultérieurement aux traitements nécessaires pour les amener à l'état réclamé par le programme du Concours.

Le problème à résoudre consiste donc, suivant nous, à trouver une machine ou un procédé capable de séparer rapidement et économiquement la partie ligneuse interne

des Orties Textiles de leur enveloppe corticale, assez facile pour être mis en œuvre par
un personnel peu exercé et assez simple
pour ne pas exiger des appareils plus com-
pliqués que ceux qui forment le matériel ordinaire des exploitations agricoles.

Nous avons vu que les Chinois et les Malais, qui décortiquent à la main les Orties
Textiles, ne peuvent le faire que depuis la
tombée de la rosée jusqu'à huit ou neuf
heures du matin, lorsque les tiges sont mouillées (1); nous savons également que, dans le
traitement mécanique de ces plantes, si l'on
tarde plus de 24 heures à les utiliser, leur
rendement en filasse tombe en quelque sorte
à zéro, et que, même dans les conditions les
plus favorables, beaucoup de filaments restent adhérents à la chenevotte, de telle sorte
que les meilleures machines à décortiquer en
vert donnent seulement la moitié des fibres
contenues dans les tiges, ce qui a constitué
jusqu'ici un obstacle absolu à leur emploi.

Cela provient évidemment de la grande
adhérence qui existe entre la partie ligneuse
interne et son enveloppe corticale, par suite
de la quantité considérable de matière agglutinative qui réunit les fibres entre elles
et qui les soude à la chénevotte, adhérence
qui augmente rapidement après la coupe,

---

(1) Bulletin de la Société d'Acclimatation, t. VII.

jusqu'à rendre impossible la séparation de ces deux parties de la tige. Nous avons pensé que si l'on parvenait, par un moyen simple, à détruire cette adhérence, on aurait renversé le principal obstacle qui s'oppose à l'utilisation des tiges de Ramie à l'état vert. Nous avons, en conséquence, dirigé nos recherches dans ce sens et nous avons été assez heureux pour obtenir les résultats que nous allons faire connaître :

En soumettant à l'action de la *chaleur,* en *vase clos,* des tiges de Ramie coupées depuis *huit jours,* nous avons obtenu la séparation parfaite de la chenevotte et de son enveloppe corticale contenant *l'intégralité des fibres utilisables.* L'écorce enlevée ne présente pas la plus petite trace de débris ligneux et aucune parcelle de filasse ne reste sur la chenevotte, comme on peut s'en assurer en la **brisant.**

Le moyen pratique de porter les tiges de Ramie à la température voulue consiste à injecter, dans le récipient qui les contient, de la *vapeur d'eau* ou de *l'air chaud.* Lorsqu'il est facile de se procurer de l'eau, le plus simple est d'employer la vapeur. Dans ce cas, l'appareil se compose essentiellement, pour les exploitations qui ne possèdent pas de locomobile, d'une chaudière d'un faible volume pour être facilement transportable, tubulaire ou du système Belleville, par exemple, avec un grand foyer pour brûler les chénevottes.

Des tuyaux conduisent la vapeur dans de grandes caisses en bois dans lesquelles on place les tiges à mesure qu'on les coupe. Il faut au moins 3 caisses, la première que l'on remplit, pendant que l'on vide la seconde et que la troisième reçoit la vapeur. Dès que la vapeur sort par les joints de la caisse, l'opération est terminée si la Ramie vient d'être coupée, mais il faut prolonger son action proportionnellement au temps écoulé depuis la coupe, si la récolte remonte à plusieurs jours. C'est ainsi que nous avons pu décortiquer à Paris, au mois de janvier dernier, des tiges de Ramie récoltées à Alger *quinze jours* auparavant.

Après avoir été soumises à l'action de la vapeur, les tiges sont remises à des enfants qui séparent à la main, avec la plus grande facilité, l'écorce de la chénevotte. Un enfant de 10 à 12 ans, qui reçoit 40 à 50 cent. par jour, peut facilement décortiquer, dans sa journée, 250 à 300 kil. de tiges vertes et obtenir l'enveloppe corticale sous forme de longs rubans qui contiennent *l'intégralité* des fibres utilisables, absolument exemptes de débris ligneux et dont le *parallélisme* est conservé.

Comme la dépense de combustible est nulle, puisqu'on brûle les chénevottes, on voit à quelle somme minime revient la décortication d'une tonne de Ramie verte. Dans ces conditions, il ne nous a pas semblé utile de chercher à effectuer mécaniquement cette opération, ce qui, cependant, pourrait se faire facilement du moment où il n'existe plus aucune adhérence entre la partie ligneuse de la plante et son enveloppe corticale.

L'appareil que nous venons de décrire peut être amené, sans la moindre difficulté, sur le terrain même de la récolte, on évite ainsi tout déplacement de masses végétales extrêmement encombrantes, et on a seulement à emporter les écorces obtenues, qui sont d'un maniement aisé et d'un transport facile.

Tout ce que nous venons de dire pour la Ramie s'applique également à l'Ortie blanche de la Chine, et on comprend facilement que la grosseur et la résistance des tiges de ce textile n'aient plus la moindre influence sur sa décortication, ainsi que nous l'avions annoncé précédemment.

Lorsqu'il y aura une difficulté quelconque à se procurer de l'eau, on obtiendra les mêmes résultats au moyen de l'air chaud.

La vapeur ne modifie en aucune façon la nature de la matière agglutinative qui enveloppe les fibres textiles et qui les soude à la chenevotte. Son emploi ne constitue donc pas un mode particulier de rouissage, mais un moyen simple de placer les tiges des or-

ties dans un milieu à une température dé-
terminée. Sous l'influence de la chaleur, l'eau
contenue dans ces plantes se vaporise et dé-
termine la séparation de la chénevotte **et de**
son enveloppe corticale. Les rubans que l'on
obtient contiennent *l'intégralité* des fibres
utilisables qui ne sont ni altérées ni colorées,
comme cela se produit toujours lorsqu'on
soumet les plantes textiles à l'action du
rouissage; ils contiennent également la *to-*
talité de la gomme qui existait dans les tiges ainsi que la pellicule brune qui les recouvrait extérieurement. Sous cette forme,
ils ne peuvent être livrés à l'action immé-
diate des peignes, mais nous verrons, dans
quelques instants, qu'il est facile de les débarrasser de l'excès de gomme qu'ils renferment, ainsi que de l'épiderme qui les recouvre, de manière à les amener à l'état sous
lequel les fibres des orties textiles nous arrivent de la Chine et des Indes.

Le procédé que nous venons de faire connaître s'applique à toutes les plantes textiles
dicotyledonées, sans exception, chanvre, lin,
jute..., etc., et permet de séparer, avec la
plus grande facilité, sans avoir recours au
rouissage ni au teillage, leur chénevotte de
l'enveloppe corticale qui renferme, chez ces
plantes, la totalité des fibres textiles. Les filaments que l'on obtient ainsi contiennent
beaucoup moins de gomme que ceux des orties et peuvent, en conséquence, être immédiatement soumis à l'action des peignes, aux-

quels ils n'abandonneront que très peu d'é-
toupes, car ils ont conservé leur parallélisme,
sont absolument exempts de débris de chènevotte et ne présentent pas les ruptures que
l'on rencontre dans les filasses obtenues au
moyen du teillage.

2. *Séparation des différentes couches de l'enveloppe corticale.*

Nous avions pensé, dans le principe, que,
du moment où l'on avait séparé la partie ligneuse des orties textiles de leur enveloppe
corticale, le rôle de l'agriculture était terminé et qu'il appartenait à l'industrie d'utiliser les rubans ainsi obtenus. Mais ces rubans, par la gomme qu'ils contiennent et
surtout par l'épiderme qui les recouvre, diffèrent essentiellement des matières textiles
employées dans nos manufactures, et l'industrie devrait créer des procédés nouveaux
pour pouvoir les utiliser. Il est à craindre
qu'elle ne s'y décide que sous la pression
d'une nécessité absolue et l'agriculture, qui,
en somme, est la prinpale intéressée dans
la question de l'acclimatation des Orties
Textiles, pourrait, en conséquence, attendre
longtemps un débouché pour les fibres qu'elle
produirait, si elle ne parvenait pas à les livrer sous un état plus conforme aux habitu-
des industrielles. Heureusement, les résultats que nous avons obtenus en étudiant l'action de la vapeur surchauffée sur des tiges

de Ramie coupées depuis plusieurs jours, pour amener le détachement plus rapide de l'enveloppe corticale, vont nous permettre d'atteindre ce but.

Si l'on examine, au microscope, l'écorce d'une tige de Ramie, on remarque qu'elle est composée de trois zones distinctes. La première comprend l'épiderme et une couche assez épaisse de parenchyme qui contient la chlorophylle de la plante; la seconde zone, plus épaisse que les deux autres, est composée presque exclusivement de fibres libériennes très abondantes, le plus souvent isolées et indépendantes les unes des autres ; la troisième zone, enfin, qui s'appuie sur le cambium, est composée de parenchyme dans lequel se trouve une seconde série de fibres libériennes plus fines que les premières. Les cellules de cette zone contiennent en abondance de petits cristaux de carbonate de chaux.

Si l'on prolonge le séjour des tiges de Ramie dans un milieu à une température un peu supérieure à 100 degrés, ou, ce qui est plus rapide et plus pratique, si on élève cette température et cela proportionnellement au temps écoulé depuis la coupe de ces tiges, non seulement on détruit l'adhérence qui existe entre la partie ligneuse interne et l'enveloppe corticale, mais on obtient en outre, la séparation des différentes couches concentriques qui composent cette enveloppe.

Le moyen pratique de porter les tiges que l'on veut traiter à la température voulue, consiste à prendre comme véhicule du calorique la *vapeur surchauffée* ou *l'air porté à une température convenable*, que l'on injecte dans le récipient qui les contient. Pour des tiges récemment coupées, la température doit être d'environ 150 degrés centigrades.

Les tiges, à leur sortie du récipient, sont remises à des femmes ou à des enfants qui détachent d'abord l'enveloppe corticale, puis en séparent ensuite les différents éléments. La séparation est surtout facile entre la première couche, qui comprend l'épiderme, et l'ensemble de celles qui contiennent les fibres libériennes, mais, avec un peu d'attention, on parvient également à isoler la couche interne, qui contient la fibre la plus fine et la plus blanche, celle avec laquelle les Chinois font les belles étoffes connues sous le nom de *China-cloth*.

On obtient encore les filaments textiles sous la forme de longs Rubans, mais ils sont débarrassés de la plus grande partie des matières gommeuses qui existaient dans la plante, et de la totalité de l'épiderme qui la recouvrait. Les rubans, qui renferment l'intégralité des fibres libériennes, peuvent être livrés, sans autre préparation, à l'action des peignes, et comme cette matière ne contient aucune parcelle de Chénevotte ni d'épiderme et que les fibres qu'elle renferme ont conservé leur parallélisme, elle ne donnera, par le Peignage, que des déchets insignifiants.

3° *Enlèvement de l'Epiderme.*

L'opération que nous venons de décrire demande une main d'œuvre qu'il sera quelquefois difficile de se procurer, et les Exploitations qui sont favorablement situées sous ce rapport, pourront seules la mettre en pratique. Celles qui sont dans une position moins avantageuse devraient se borner à séparer l'écorce de la chénevotte, si nous n'avions pas fait une observation qui permet d'arriver à peu près au même résultat, mais par une voie différente.

Si on abandonne à elle-même une tige verte de Ramie, après l'avoir soumise pendant quelque temps, a une température supérieure à 100 degrés, et si on la laisse refroidir, on ne remarquera aucun changement dans son aspect extérieur. Cependant le travail interne qui s'est fait, et qui aurait permis de séparer, avant le refroidissement de la tige, les différents éléments de l'enveloppe corticale, n'est pas entièrement perdu ; les couches concentriques de l'écorce se sont bien réunies de nouveau, mais l'adhérence si grande, qui existait précédemment entre elles, a diminué dans une proportion considérable, surtout pour l'Epiderme.

En conséquence, si l'on soumet, comme dans l'opération précédente, des Tiges de

Ramie, récemment coupées, à l'action d'une température d'environ 150 degrés centigrades, et que l'on sépare ensuite la partie ligneuse des tiges de leur enveloppe corticale, il deviendra facile de débarrasser cette dernière de la pellicule brune qui la recouvre extérieurement. Il suffira de la froisser entre les mains, après son refroidissement, ou bien de la battre légèrement pour amener la séparation complète des fibres libériennes et de l'épiderme qui sera éliminé en particules très-fines.

Comme précédemment, on prendra pour véhicule du calorique, l'*air chaud* ou *la vapeur surchauffée* que l'on injectera dans le récipient contenant les tiges. Il faudra élever la température du milieu à 150 degrés centigrades, si l'on traite des tiges récemment coupées, et il sera nécessaire d'aller jusqu'à 180 degrés, si leur récolte remonte à plusieurs jours.

La nécessité d'employer de la vapeur à une température aussi élevée ne constitue pas une difficulté, et nous devons, à ce sujet, rassurer les Agriculteurs. Il suffit, en effet, de faire usage d'une chaudière tubulaire verticale, dans laquelle on maintient le niveau de l'eau au-dessous de l'extrémité supérieure des tubes, pour obtenir la vapeur à la température voulue, et cela sous une pression simplement suffisante pour assurer son écoulement.

Les Filaments que l'on obtient, par l'opération que nous venons de décrire, se présentent sous la forme de longs rubans, raidis et durcis par la matière agglutinative qui réunit leurs éléments, et qui offrent une grande analogie avec les fibres des Orties importées de la Chine et des Indes. Ils en diffèrent, cependant, par une proportion un peu plus forte de matière gommeuse qui ne sera pas un obstacle à leur traitement ultérieur et dont il est facile, au reste, de les débarrasser. Nous savons que les matières pectiques se transforment par la dessication, perdent en grande partie leur propriété adhésive et se pulvérisent facilement. Il suffira, en conséquence, de soumettre ces rubans à l'action d'une Machine Diviseuse, analogue à celles qu'on emploie pour le chanvre et le lin, pour éliminer ces matières en les réduisant en poussière, et pour les séparer des fibres libériennes.

4° *Conclusion.*

Ainsi se trouve résolu le Problème de la décortication des Orties Textiles. Par un procédé des plus simples et avec un matériel des plus élémentaires, sans employer ni le Rouissage, ni le Teillage, on peut détacher l'enveloppe corticale de ces plantes de leur partie ligneuse interne. Puis, soit que l'on sépare les différents éléments de cette enveloppe soit que l'on se borne, ce qui arrivera le plus ordinairement, à la débarrasser de l'épiderme qui la recouvre, on

obtient la partie utile de ces Orties sous
une forme présentant la plus grande analogie avec les fibres de ces plantes qui
nous viennent de l'Extrème-Orient.

Nous pouvons conclure, alors, que le Rôle
de l'Agriculture est terminé, car nous savons,
depuis l'Exposition universelle de 1851, que
l'Industrie est en mesure d'utiliser sous cette
forme, ces filaments et d'en retirer des produits remarquables. La Commission Française s'exprimait ainsi qu'il suit, dans son
Rapport, au sujet des produits de cette
nature qui figuraient à cette Exposition :
« Les fils de *China-grass* sont remarquables
par leur blancheur, leur brillant, leur lustre
et leur rigidité ; ils peuvent atteindre une
grande finesse ; nous en avons la preuve
sous les yeux. Sont-ils tissés, les mèmes
qualités se reproduisent.... Un mérite qu'on
doit leur reconnaitre, c'est qu'ils prennent
parfaitement la teinture et s'approprient
bien toutes les nuances, mème les plus déli-
cates. » (1)

Nous ne pouvons, sans sortir du Programme que nous nous sommes tracé, étudier en détail le traitement industriel des
fibres des Orties Textiles. Mais nous devons
cependant reconnaitre que les espérances
brillantes qui avaient été conçues, en 1851,

_____

(1) Exposition de 1851. Travaux de la Commission française. T. IV, Xᵉ Jury, par M. Legentil,
président de la Chambre de commerce de Paris.

ne se sont pas entièrement réalisées. On a procédé pour l'utilisation des fibres des Orties comme on l'avait fait pour la décortication de leur Tiges, c'est-à-dire qu'on a cherché à leur appliquer les méthodes et les machines employées pour les autres textiles ; c'est ainsi qu'on a traité cette matière tantôt comme le Lin ou le Chanvre, tantôt comme la Laine ou la Soie et surtout comme le Coton, sans s'apercevoir que, torturée par toutes les opérations auxquelles elle était soumise, elle laissait en route la moitié de ses qualités.

L'Industrie a donc beaucoup à faire pour résoudre les difficultés que présente encore le traitement des Orties Textiles, et il est probable qu'il s'écoulera un temps assez long avant qu'elle ait trouvé le moyen de tirer parti des admirables qualités des fibres qu'elles produisent.

L'Agriculture, heureusement, n'a pas besoin d'attendre ce moment pour entreprendre la culture de ces plantes.

Sans parler des débouchés qu'on peut trouver à l'Etranger où la question de la Ramie semble plus avancée qu'en France, les fibres des Orties Textiles, sous la forme sous laquelle on les obtient par les procédés que nous avons décrits, peuvent être employées, avec succès, à la confection des fils, cordes, câbles.... et donner des produits remarquables par suite de leur ténacité qui

dépasse celle de tous les autres Textiles,
Par leur grande résistance à l'humidité, ces
fibres sont également propres à la fabrication des filets de pêche, des cordages et des
voiles pour la marine... **et** l'on sait, par des
expériences faites à bord **du** navire hollandais
Nederland, que les produits qu'elles fournissent sont bien supérieurs à ceux qui proviennent du chanvre. On pourra ainsi trouver
l'emploi de quantités considérables de filasses, ce qui permettra d'attendre, avec pa-
tience, le moment ou l'Industrie sera en mesure d'utiliser complétement une matière
qui, par la force de ses filaments, leur souplesse, leur brillant, la facilité avec laquelle
ils se divisent et la longueur énorme de ses
fibres normales, doit se placer à la tête de
tous les Textiles connus.

L'emploi des procédés que nous venons de
faire connaitre, pour le traitement des Orties
Textiles, ne forme qu'un cas particulier, car
ils s'appliquent à toutes les plantes Textiles
dicotyledonées, sans exception. Leur carac-
tère distinctif consiste dans la suppression
absolue du *Rouissage* et du *Teillage*, puisqu'ils permettent d'obtenir, sans avoir recours
à ces opérations, l'*Intégralité* des fibres utilisables contenues dans ces plantes.

La suppression du Rouissage est certainement un progrès considérable pour les pays
tempérés dans lesquels les émanations pestilentielles qui s'échappent des Routoirs sont
une menace permanente pour la santé publi-

que ; mais cette suppression présente des avantages bien autrement grands pour les pays chauds où le manque d'eau convenable et la rapidité des phénomènes de fermentation rendent à peu près impossible le Rouissage des plantes que ces contrées produisent en si grande abondance.

La suppression du Teillage n'a pas moins d'importance, car l'élimination de la Chènevotte ne peut se faire sans briser une partie des fibres textiles auxquelles restent toujours attachés quelques débris ligneux, tandis que les filaments que nous obtenons ont conservé leur parallélisme, sont absolument exempts de Chènevotte et ne présentent pas de ruptures ; ils abandonnent en conséquence, beaucoup moins d'étoupes pendant le Peignage et fournissent une proportion de longs brins beaucoup plus considérable.

Ces filaments ont, en outre, une force supérieure à ceux qui proviennent du Rouissage, surtout chez les Textiles qui, comme le *jute*, s'altèrent rapidement sous l'action de l'humidité. Les produits qu'on en retirera seront, par suite, de beaucoup préférables à ceux qui sont actuellement livrés à la consommation.

D'après le Dr Royle, il existe, aux Indes, plus de deux cents espèces différentes de filaments employés aux usages pour lesquels nous avons un nombre si restreint de matières premières. Les plantes qui produisent ces fibres croissent spontanément sur des espaces immenses et on ne peut les utiliser faute d'eaux convenables pour le Rouissage. Nos procédés permettront d'employer ces textiles, et on voit tout le parti que l'Industrie pourra tirer de ces produits nouveaux.

Mais, lors même que notre invention n'aurait pour effet que de rendre possible, en France, l'acclimatation des Orties Textiles, nous l'offririons encore avec confiance au Public. Si l'on songe que l'étendue de nos cultures de Chanvre et de Lin diminue chaque année, par suite de l'élévation du prix de la main d'œuvre, tandis que nos importations de ces textiles augmentent sans cesse, et que, avec le mouvement industriel qui se produit en Amérique, il ne s'écoulera pas un temps bien long avant que ce pays envoie, sur notre marché, non plus le coton à l'état brut, mais les tissus de ses Manufactures, il est vivement à souhaiter que notre Agriculture introduise dans ses cultures, le plus rapidement possible, une plante qui, produisant plus de filasse qu'aucun autre textile connu, pourrait lui permettre de fournir à notre Industrie les matières premières qui lui sont nécessaire, et d'affranchir en même temps notre pays, de l'énorme tribut qu'il paie à l'Étranger.

FIN.